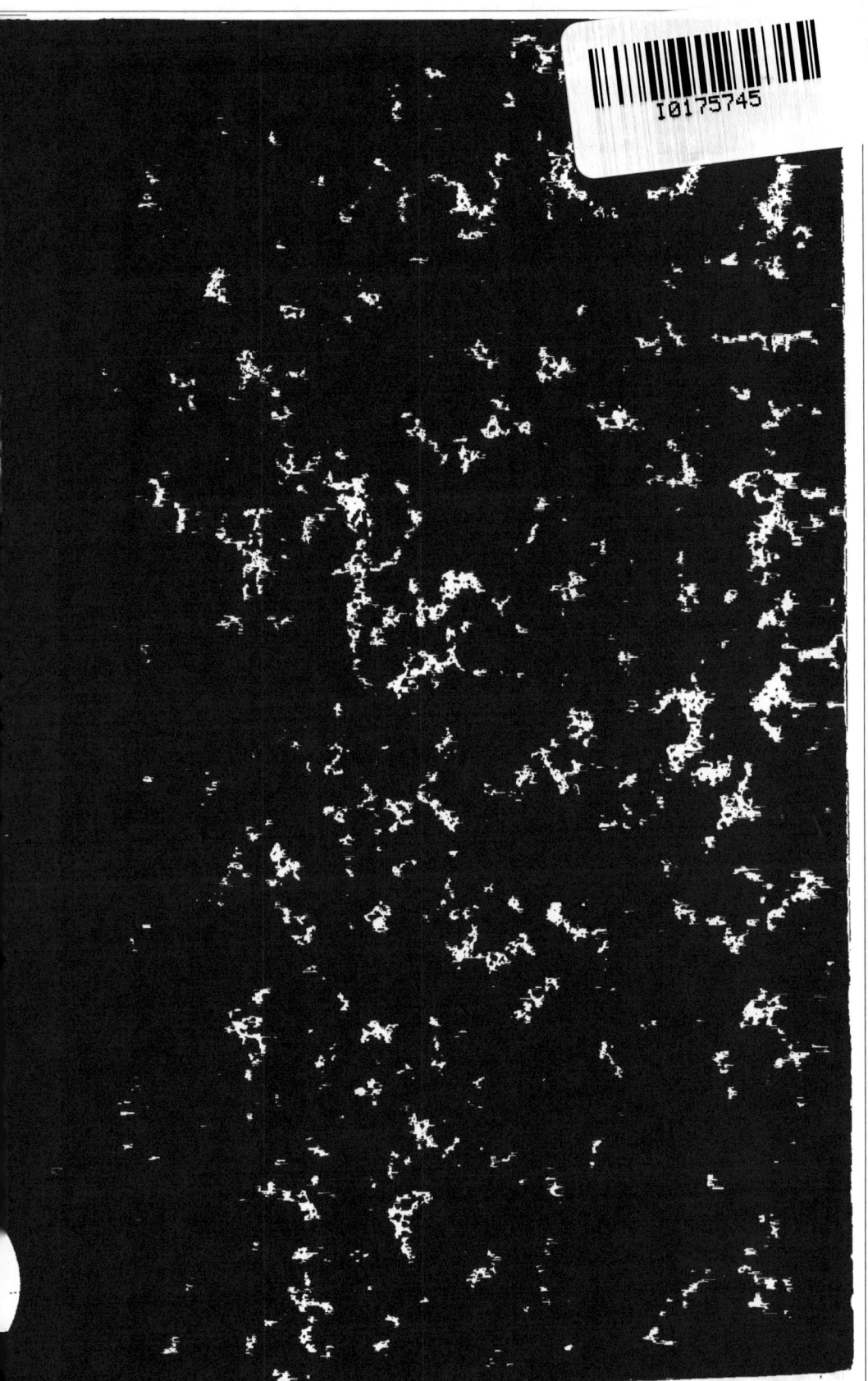

NOTICE

SUR LE COUVENT

DE

SAINTE-MARIE-D'EN-HAUT.

Grenoble. — Imp. Éd. Allier.

NOTICE

SUR LE COUVENT

DE

SAINTE-MARIE-D'EN-HAUT

PAR

Le Chevalier Radulph DE GOURNAY,.

Membre de la Commission scientifique de Morée.

GRENOBLE.

Alph. MERLE & Cie, libraires-éditeurs,

Rue Lafayette, 14.

1862.

ERRATUM.

Page 3, 5e ligne, lisez : *Saint François de Sales*, au lieu de *Saint François de Salles*.

Cette faute est à redresser dans plusieurs endroits ; elle dépare surtout l'inscription si précieuse du Portail, page 14, 18e ligne.

La date de cette inscription est aussi fautive, lisez : *1619*, au lieu de *1649*.

Page 34, ligne 11, *arcade de plein cintre*, lisez : *arcade plein cintre*.

Même faute et même rectification, page 37, ligne 12.

Page 37, ligne 20, virgule après ces mots : *et de suite*.

Page 39, ligne 17, lisez : *inventaire des*, au lieu d'*inventaire de*.

Page 58, ligne 2, lisez : *ce* sanctuaire, au lieu de *le*.

Page 119, ligne 1, lisez : M. *le* Vicaire général.

Page 139, ligne 8, lisez : *doublé*, au lieu de *double*.

Ste MARIE D'EN HAUT (GRENOBLE).

NOTICE

sur

SAINTE-MARIE-D'EN-HAUT

A GRENOBLE.

Il n'est pas un habitant de Grenoble, tant soit peu amateur du pittoresque, qui ne se soit arrêté dans le temps sur le quai de la rive gauche de l'Isère, ce quai consacré successivement à tant de pouvoirs divers, sous tant de dénominations différentes, pour y contempler à loisir cette vieille Fabrique, comme disent les peintres, qui élançait son clocher d'ardoises irisées immédiatement au-dessous de Rabot, et qui pendait là à mi-côte avec ses toits bleu-intense, parmi de frais bouquets d'arbres parsemés de fleurs au printemps; il n'est pas un artiste surtout, ou un quêteur de vieilles légendes, qui n'ait attaché avec amour, durant de longues minutes, son regard sur ce pâté d'édifices incohérents, mais dont l'incohérence même, capricieuse et fantastique, attirait l'attention et sollicitait la rêverie. J'avoue, pour mon compte, que parmi tant d'aspects saisissants qui s'offrirent à ma vue la première fois que je visitai la ville de saint Hugues, que l'empereur Gratien veuille bien me pardonner cette préférence, je fus principalement frappé de l'aspect de cet antique manoir catholique ; car, évidemment, ce manoir avait été jadis un couvent : son campanile dressé au centre de sa toiture, comme le jet d'une âme vers Dieu, racontait sa destination première, si toutefois il en avait changé.

L'impression que m'avait causée la première vue de cette citadelle de la prière, — ainsi que poétiquement je nommerai ce couvent, — avait été si profonde, que, habitant alors un vieux castel voisin de Grenoble, où Dieu venait de poser pour moi un nid béni, je ne venais pas de fois à la ville que je ne fisse tout mon possible pour aller consacrer un long regard à ce promontoire de la Bastille, si coquet et si belliqueux tout à la fois, et dont les flancs portaient le vieux donjon que je signale, dérobé, il semblait, à une fresque de Buffalmacco (1). L'Ange de la Visitation, qui veillait sur lui, me conviait-il dès-lors à m'enquérir de l'histoire et de la destinée de cette sainte demeure ? Je serais tenté de le croire. Ce qu'il y a de certain, c'est que, par un concours de circonstances singulières, je fus conduit plus tard à porter mes pénates à la porte, pour ainsi dire, de cette relique des vieux jours, et à établir ma demeure près de ce petit domaine de la foi.

La belle maison de Mme Xavier Jouvin, située entre ce couvent et la plus pittoresque église de Grenoble, dont l'abside, singeant par la couleur et la forme le temple de Vesta, avait frappé mes regards, tout emprisonné qu'il était alors dans de vieux murs et d'ignobles bicoques ; cette belle maison, dis-je, environnée de jardins et voisine des deux vieil-

---

(1) L'un des peintres qui ont enrichi les murailles du Campo-Santo de Pise des admirables fresques qui ont en partie illustré ce splendide et religieux monument.

leries délectables que je viens de dire, me séduisit tout d'abord, et lorsque, ayant passé bail, j'appris que ma vieille Abbaye, car j'en avais pris possession de toute la force de mon amour d'artiste et d'archéologue, avait été fondée par St François de Salles en personne, — St François de Salles, mon très vénéré patron; — lorsque je sus en outre que, par un chemin pratiqué dans la montagne, à travers un bois touffu d'acacias, je pouvais atteindre le couvent de *Sainte-Marie,* — on le nommait de ce nom béni, qui vient après celui de Dieu, — j'éprouvai une joie profonde : le double et sacré patronage qui avait veillé sur mon berceau et qui me console dans mon âge mûr, planerait, me disais-je, sur la demeure où j'abritais ma jeune famille !

Le couvent de Ste-Marie-*d'en-Haut* — j'appris plus tard qu'on lui ajoutait cette désignation toute poétique — demeura quelques années encore dans l'état de vétusté et de délabrement que j'ai discrètement signalé, et continua, par conséquent, à me ravir et à m'enchanter. Puis, voilà qu'un jour, après une longue tempête où la société avait encore été battue par l'ouragan de ces deux grands mots, hélas! presque toujours creux : *civisme* et *patriotisme,* j'aperçois, des fenêtres de mon appartement, d'où le couvent m'apparaît en flanc, des échafaudages se superposant comme par magie autour des toits demi-deuil du monastère. Ces toits ensuite se trouent; leurs chevrons s'exhaussent et s'allongent; le couvent grandit et grossit; puis enfin ses murs blanchissent sous la main des génies, sinon des Anges..., et me voilà consterné !

Toutefois, comme on n'avait rien gâté aux lignes de l'édifice, devenu plus important et plus majestueux, et que la montagne s'était comme illuminée par les murailles de cette Jérusalem nouvelle, *s'élevant du désert brillante de clarté,* je me résignai à perdre mon cher pittoresque enfumé et à sortir de la nuit palpable des légendes. Je dis plus : mes yeux s'habituèrent à la longue à cette jeune robe dont on avait revêtu le vieil édifice, rajeuni tout-à-coup comme Eson, et je me pris même — ô apostasie ! — à contempler sans humeur, et même avec complaisance, le monastère de Ste-Marie-d'en-Haut agrandi, revu et corrigé. Oui, triomphe de catholique à part, je me plus, quand la restauration du couvent fut achevée, à contempler son nouveau visage, du quai qui lui est opposé, et je trouvai que l'agglomération de ses constructions n'avait rien perdu de son harmonie ; que cette masse d'édifices faisait bien, et qu'ils jetaient sur la ville comme une lueur de fête et une espérance de résurrection. Je fus satisfait enfin de cette transformation, sous la pleine lumière du jour ; mais si les flots du soleil, ruisselant sur les murailles de neige de ce saint lieu, qu'ils semblaient transfigurer, m'avaient montré l'œuvre sous un aspect favorable, combien plus les rayons de la lune, se reflétant sur les remparts de cette petite cité mystique, me parurent-ils lui communiquer de poésie ! Oh ! alors, loin de regretter la teinte ferrugineuse et tant soit peu infernale qui l'effaçait entièrement jadis sous les ombres de la nuit, j'acclamai cette robe virginale dont on l'avait revêtue ; et, tout-à-fait raccommodé avec cette métamorphose qui m'avait un instant désolé, je bénis Mesdames les Ursulines qui avaient ressuscité la couronne céleste de Chalmont, et nous faisaient ces doux loisirs de poète et de touriste.

Jusque-là, cependant, mon admiration avait été infructueuse, et je n'avais nullement songé à porter mon investigation dans l'enceinte sacrée. Savais-je, du reste, s'il y avait quelque curiosité à voir dans cette sainte maison ? On ne m'avait oncques parlé de l'intérieur du couvent ; je devais, d'après cela, le croire sans intérêt ; et s'il en eût été autrement, pensais-je, le goût fin et délicat des Grenoblois l'aurait remarqué ; et, connaissant ma passion pour les vieilles choses, parmi lesquelles nous rangerons monuments, statues et tableaux, l'on n'aurait pas manqué de m'engager à faire une ascension à Chalmont, si l'un de ces trésors avait été renfermé dans l'antique monastère. Mais rien, à ce qu'il paraît, n'intéressait là le patriotisme dauphinois. On se taisait absolument sur le compte de Sainte-Marie-d'en-Haut, et je dus croire qu'il en était de ce couvent comme de certaines personnes qui n'ont pour elles que l'extérieur et la figure.

Une femme pieuse me tira un jour de mon erreur, en m'assurant que la chapelle du couvent était un morceau rare, qui appelait l'attention de l'antiquaire et de l'artiste. J'ouvris de grands yeux, et après m'être fait répéter cette énormité, qui ébranlait singulièrement la considération que je portais à l'*Athènes du Dauphiné*, je me décidai, puisqu'on pouvait voir cette chapelle, à escalader la rude montée qui y conduit, montée quasi-perpendiculaire qui se présente sous la haute arcade qui flanque la belle fontaine du Lion.

Rien de plus pittoresque — propreté et salubrité à part — que cette *rue-échelle* qu'il faut gravir pour arriver jusqu'au couvent. Bordée de hautes maisons noires contemporaines de la Ligue, et dont quelques-unes sont encore garnies de leurs fenêtres à croisillons, cette rue, plongée, dans une moitié de son parcours dans la pénombre, serpente sur le flanc de la montagne, où elle forme un coude brusque. Barrée de distance en distance par de larges degrés pratiqués dans le sol et retenus par une ligne de pierres sèches, cette rue, à partir du coude qu'elle forme, s'ouvre à l'air et au soleil, et court en ligne directe le long des murs du couvent, dont une partie vient s'asseoir sur cette chaussée.

Arrivé au détour du coude, vous êtes frappé d'un charmant sujet de tableau : une vieille porte quasi triomphale, à travers la large baie de laquelle vous voyez se poursuivre la blanche ligne de l'enceinte du couvent, projette sur la chaussée éclatante de soleil, si l'on est en été, son ombre légère et diaphane. Au-dessus de l'arc est pratiquée une espèce d'attique dont le milieu est coupé par une niche élégamment décorée et d'une heureuse proportion ; deux boules ou sphères placées au sommet de deux socles élancés qui reposent sur l'entablement de l'arc, accompagnent la niche : on dirait de ces boulets de marbre énormes que les Turcs, si pompeux en toute chose, envoient comme avis préalable aux bâtiments suspectés de recéler la guerre, et qui, d'un aspect douteux, osent s'engager dans le formidable détroit des Dardanelles. Immédiatement au-dessous de la corniche, et correspondant à la niche, pend, sur le bandeau de l'arcade, une pierre de marbre taillée à deux pans, et tellement encroutée d'un tartre séculaire et striée de bavures de ciment, entraînées par les pluies des entrefends de la corniche, que l'idée d'une inscription pétrifiée en quelque sorte sous cette immonde couche, ne vous vient point d'abord à la pensée. Cet arc triomphal, auquel nous ajouterons, pour compléter sa description, deux pilastres portant sur de hautes bases, s'appuie, d'une part aux murs restaurés du couvent, et de l'autre, à une maison d'une distribution pleine d'originalité ; maison pittoresque à cause de l'escalier à plusieurs marches qui la précède, et pittoresque aussi par la disposition de ses deux baies, porte et fenêtre, ouvertes avec une fantaisie d'artiste. Nous venons de dire la décoration théâtrale de la première ; quant à la seconde, elle est percée au niveau de la niche, et semble posée là comme un prie-Dieu, d'où l'on invoquait jadis à loisir la statue qui devait nécessairement trôner au centre de l'arc, veuf à présent de sa gloire première ! Les habitations qui viennent s'accoler à droite de cette porte de triomphe déshonorée, rehaussent sa majesté par l'abjection de leur construction et la difformité ravissante de leur agencement. Des pots de fleurs aux couleurs éclatantes ornent les étroites fenêtres drapées de l'éblouissante tenture du soleil, et des bancs de bois ménagés sur le seuil de ces humbles demeures que le travail et l'industrie habitent, semblent inviter le pèlerin fatigué à s'asseoir et à reprendre haleine. En levant les yeux en haut, du côté des murs du couvent, on aperçoit un frais bouquet d'arbres d'une silhouette élégante, qui en perce les assises et se projette en avant, comme pour rappeler dans quel long abandon le monastère était tombé : ce bouquet d'arbres rappelle encore celui dont les maçons se plaisent à couronner le faîte de l'édifice qu'ils viennent d'achever, et à parer en quelque sorte le triomphe de l'intelligence sur la matière !

La montée de Sainte-Marie-*d'en-Haut* (1), ce couvent est bien nommé, étant ainsi décrite, il faut se la représenter en outre sans cesse traversée par des bandes de militaires qui se rendent à la Bastille ou en descendent avec des allures martiales. Je poursuis ma route, toujours plus ascendante et de plus en plus pénible, car les degrés, rongés par les pluies et les piétons, vont toujours s'affaiblissant à partir de l'arc, et se perdent tout-à-fait quand on l'a

---

(1) Plusieurs maisons de cette montée ayant été réparées depuis, et remises à neuf, elle n'a plus le même caractère d'antiquité qu'elle présentait à l'époque où cette description a été faite.

traversé. Heureusement qu'à partir de ce point, il n'y a plus que quelques coups de jarrets à donner, et cinq minutes après avoir dépassé l'arcade, espèce de porte du ciel élevée sur le rude chemin de la vie, vous arrivez à une petite place qui s'ouvre subitement à votre droite, et que défend un mur à hauteur d'appui : c'est l'entrée du couvent, vous présentant un parallélogramme formé par deux ailes qui, saillant en avant du corps principal du bâtiment, viennent aboutir au mur d'enceinte peu élevé que je viens d'indiquer. Une porte est pratiquée dans chacune des ailes ; ces deux portes se font face ; celle de gauche, qui se présente naturellement la première, vous conduit au parloir de la sainte maison, parloir meublé de grilles sévères contre lesquelles viennent s'épanouir, à de certaines heures, les frais et gais visages des jeunes pensionnaires ; oiseaux charmants aux regards limpides et aux flûtés gazouillements. La seconde porte, que vous apercevez bientôt, donne entrée dans la chapelle du couvent. C'est devant cette dernière qu'en temps et lieu nous nous arrêterons avec complaisance, sans prêter l'oreille à toutes ces notes plus ou moins harmonieuses que répètent, modulent ou font ruisseler de jeunes doigts plus ou moins habiles sur des clavecins poitrinaires. Pour le moment, esclave de nos premières impressions, nous ne dirons qu'un mot de cette porte : c'est un chef-d'œuvre de goût, d'harmonie et de sculpture. Bien qu'elle se montrât à nous offensée en plusieurs endroits par le temps, la première fois que nous la vîmes, et toute enterrée qu'était alors sa perfection sous un chanci de couleur cadavéreuse, cette porte nous fit jeter un cri d'admiration. Restaurée depuis par les soins intelligents de M. Reynere, modeste et habile architecte à qui a été confiée la restauration du couvent, ce chef-d'œuvre — car c'en est un — a reconquis toute sa valeur, et la peinture de bronze vert dont on a protégé cette sculpture, la doit conserver pour longtemps encore aux amis des arts.

La porte du temple me fit bien augurer de son intérieur ; je m'empressai d'entrer, et, habitué de longue date à juger du premier coup-d'œil de la valeur d'un monument ou d'un objet d'art, — je dis à mon point de vue d'esthétique, et non comme parlant en dernier ressort, — je retins un cri de surprise à l'aspect de ces voûtes et de ces murailles tapissées du haut jusqu'en bas d'un monde de fresques ; puis, sondant avidement de l'œil la profondeur ténébreuse de la nef, aboutissant aux ténèbres plus profondes encore du sanctuaire, j'aperçus, se dressant dans l'ombre intense du chœur, ombre sourdement empourprée des reflets qu'y jetait une unique fenêtre voilée d'un rideau rouge, j'aperçus, dis-je, se dresser une espèce de cité d'or, dont le faîte allait toucher jusqu'à la voûte, ou, si l'on aime mieux, un tabernacle géant, qui embrassait toute la capacité du fond de la chapelle et y chatoyait sous des lueurs semi-feu, semi-or, qui tenaient du miracle. Voilà ce que je vis au premier abord en entrant dans la chapelle des Dames Ursulines, et je reconnus de suite que la dame pieuse dont j'ai parlé, ne s'était pas trop avancée lorsqu'elle m'avait dit que cette chapelle était digne de fixer l'attention d'un connaisseur. Quelques pas que je fis en avant me démontrèrent l'importance incontestable de ce sanctuaire ; et l'admirable chaire que mes yeux rencontrèrent dans l'angle de droite de la nef, près de la table de communion, et en avant du chœur, qu'elle masquait un peu, malheureusement, me fit concevoir le plus vif désir d'analyser et d'interroger à fond cette splendide catacombe — nom que je ne pus m'empêcher d'appliquer à ces voûtes plein-ceintre et massives, qui semblent taillées dans le roc. Une petite chapelle latérale de la Vierge, toute inondée aussi de fresques, et décorée d'un retable d'un puissant effet, acheva d'échauffer mon zèle d'artiste et d'archéologue, et je jurai aussitôt de faire un petit historique et un grand inventaire de tout les trésors que renfermait ce saint lieu.

De là jusqu'à m'occuper de l'histoire même du monastère, il n'y avait qu'un pas, et ce pas, qui devait précéder les autres, je me décidai à le faire, quoique la tâche me parût lourde et me semblât excéder mes faibles moyens. Le dirai-je? j'ai reculé quelque temps devant elle ; mais je ne sais quelle obsession, qui me parut être une volonté d'en haut, me poussait à entreprendre ce difficile et épineux travail, et je cédai à cette espèce d'inspiration. Me vient-elle de mon cher et vénéré patron? En vérité, j'aurais lieu, pour cause, de le croire. S'il en est ainsi, que le saint évêque de Genève me soit en aide et me soutienne dans la carrière imposante où j'ai l'audace de m'avancer.

J'ai dit que j'ai été induit tout naturellement à faire un Précis historique du couvent de Ste-Marie-d'en-Haut; en effet, comment ne me serais-je pas inquiété de l'histoire de cette antique abbaye dont l'aspect légendaire m'avait tant charmé autrefois, et semblait raconter de si étranges choses? Ne m'avait-on pas dit que St François de Salles était venu en personne fonder ce monastère? Comment ne pas s'enquérir des circonstances de cette fondation, de sa date, des vicissitudes à travers lesquelles, depuis deux cents ans et plus, ce saint asile avait dû passer? Tous ces renseignements, je les ai obtenus, pour la partie antique, par le moyen de Mme la supérieure des Ursulines ; et quant aux documents qui regardent la partie moderne, je les dois à l'obligeance de M. Reynere, architecte du couvent, homme dont l'habileté se cache sous une parfaite modestie.

Disons avant de commencer, qu'étant remonté au couvent de Ste-Marie quelque temps avant d'entreprendre ce long travail, je fus frappé, plus que la première fois, de l'aspect de la porte triomphale qui barre la dure voie qui y conduit. Je m'arrêtai à étudier ce monument, et tout-à-coup, je crus apercevoir, sous le linceul de tartre et de ciment étendu sur la pierre denticulée qui saille au sommet de l'arc, des lettres qui semblaient survivre à une inscription éteinte. Je rassemble toute la puissance de mon nerf optique, je tends ma prunelle, et j'arrache, pour ainsi dire à la pointe de l'œil, le nom de St François de Salles, que la rouille des siècles avait respecté.... Je suis, tout palpitant, ce trait de lumière, et je reconnais qu'une inscription est gravée sur cette pierre, qui n'était fruste qu'en apparence.

O joie d'antiquaire et joie de chrétien tout à la fois ! Nul doute, cette inscription rappelait le fait si glorieux pour Grenoble de la fondation du monastère sous le patronage du saint fondateur de l'ordre de la Visitation : qu'on juge de mon courroux !...

Je préparais déjà mes foudres d'archéologue, et je me disposais à tonner de toute la force de mon indignation contre la coupable insouciance de nos édiles...., lorsque mon bon patron m'inspira l'idée, plus sage et plus charitable, d'aller faire d'officieuses remontrances à l'autorité, et de traiter en secret une affaire où l'honneur de Grenoble était sérieusement compromis. Notre savant archiviste, M. Pilot, approuva ma sainte colère : il me proposa de la meilleure grâce du monde les moyens de m'éclairer au sujet du monument en question, monument dont je voulais obtenir immédiatement la restauration peu coûteuse ; et une fois que je fus bien assuré que cette porte triomphale appartenait encore à la ville, qui n'avait cédé aux Dames de la Visitation, ainsi du moins le croyait M. Pilot, que le corps même du couvent, dont cet arc était jadis une dépendance, je m'apprêtai de plus belle à porter mes doléances de catholique, de Français et d'artiste, dans le cabinet de M. le Maire. Puis, sur ces entrefaites, une seconde inspiration ayant croisé la première, *sæpe stylum aut linguam vertas*, et reconnaissant qu'il était convenable de m'entendre, au sujet de la restauration projetée, avec l'aumônier du couvent, j'allai trouver ce dernier. Bien m'avait pris de faire cette démarche : j'appris de M. l'aumônier que l'arc avait été compris dans la cession faite par la ville aux Dames Ursulines, et que, d'après les termes du contrat relatif à l'échange de l'ancien couvent de ces Dames contre celui de Sainte-Marie-d'en-Haut, le pieux monument, qui me touchait si fort, appartenait à ces dernières. Donc les foudres me tombaient des mains ; donc il fallait détendre la corde de mon arc, et je n'avais pas le plus petit boulet à tirer. C'était dommage, il faut en convenir ; il y avait là matière à un beau plaidoyer, et je crois que mon indignation eût fait alors d'assez beaux vers.... en vile prose. N'importe, je n'avais rien à regretter : j'avais échappé à la lourde bévue de tirer sur mes amis.... et je ne pouvais que me réjouir de ma démarche auprès de M. l'aumônier.

Je ne fus pas toutefois complaisant vis-à-vis de ce bon et respectable prêtre, et je ne me tus pas devant lui sur la douleur que me causait l'abaissement du saint arc de triomphe, et l'état de dégradation où on le laissait. J'osai même ajouter que j'insistais pour la prompte restauration de ce monument auguste, ou du moins, si la bourse de Mesdames les Ursulines se refusait momentanément à cette dépense, pour que l'on dépouillât immédiatement l'inscription de son voile fangeux et qu'on en dorât les lettres, afin de ne pas laisser enseveli sous les yeux des étrangers un des plus beaux titres de gloire de la cité Grenobloise. J'allai plus loin, et je promis, si toutefois mon excès de zèle ne déplaisait pas aux Dames Ursulines, de rendre à la niche vide de l'arc la statue qui devait nécessairement l'orner autrefois. Cette statue était probablement celle de la très-sainte Mère de Dieu.... Mais l'inscription commandant en quelque sorte une autre effigie, c'était celle de l'illustre évêque de Genève, si dévôt à Marie, que je proposai sans nul scrupule de substituer à la première sur ce trône vacant.

M. l'aumônier accueillit mon projet avec chaleur, et il me promit d'en faire part à Mᵐᵉ la supérieure. Enfin, ayant obtenu une audience de cette dernière (ceci se passait au mois de juin 1853), je lui exposai avec une respectueuse énergie mes griefs de catholique et d'archéologue. Mes réclamations furent écoutées avec une parfaite bienveillance ; Mᵐᵉ la supérieure entra pleinement dans mes vues, me remercia de ma loyauté, et me donna l'assurance que le portail du couvent, elle appelait ainsi l'arcade, ne tarderait pas à être restauré. Quant au rétablissement de la précieuse inscription que je voulais obtenir de suite, il me fut accordé d'emblée : je n'avais qu'à m'entendre immédiatement pour cela avec l'architecte, et on me laissait carte blanche.

Muni de pleins pouvoirs, je courus chez M. Reynere, qui me promit d'exécuter, dans le plus bref délai possible, les ordres de Mᵐᵉ la supérieure. J'avais gagné là le point essentiel, et je pouvais crier victoire ! Restait à la vérité une autre grande affaire, celle de la statue ; mais je ne m'en inquiétais pas : je m'étais dit qu'une quête trancherait la difficulté, et que plus d'un catholique serait heureux de s'assurer, en contribuant à ce don pieux, les prières de la sainte communauté : tout allait donc le mieux du monde.

Très-bien ! me direz-vous. Mais quoi ! vous n'avez pas été tenté de relever de suite cette inscription si précieuse que vous faites sonner si haut? N'y avait-il pas moyen de se procurer une échelle aux environs? Comment ne vous êtes-vous pas mis en devoir de nettoyer de sa fange cette glorieuse page de l'histoire dauphinoise? Le fameux mot de la tragédie de *Louis IX* sera ma réponse : *J'y songeais !* et j'allais contenter ma curiosité, quand M. l'aumônier, au moins aussi impatient que moi de réhabiliter cet intéressant monument, et d'en connaître l'origine, s'éleva de terre par le moyen que vous m'indiquiez tout à l'heure, et déchiffra l'inscription suivante, qu'il eut la bonté de me communiquer aussitôt :

SAINCT (*sic*) FRANÇOIS DE SALLES A CHOISI CE LIEU POUR FONDER LE QUATRIESME (*sic*) MONASTÈRE DE SON ORDRE DE LA VISITATION DE SAINTE MARIE ; LA PREMIÈRE PIERRE FUT POSÉE EN SA PRESANCE (*sic*) LE 16 OCTOBRE 1649.

Je m'arrête ici un instant, saisi par une espèce de honte ; car enfin je ne vous ai parlé jusqu'à présent que de mes impressions personnelles, et ne vous ai occupé que de mon individualité... Qu'y faire cependant? Poussé par une main d'en haut sur ce théâtre de nouvelles recherches, il fallait bien, puisque j'étais seul acteur dans la pièce, que je vous fisse endurer un monologue qui vous mît à même de la comprendre, et qui vous exposât la nature et la marche de de l'action. Ce devoir accompli avec un peu trop de complaisance d'auteur, peut-être, je m'empresse de rentrer dans la coulisse, pour faire place à de bien autres acteurs ; la scène s'agrandit, et j'entame enfin l'histoire succincte de Sainte-Marie-d'en-Haut.

Ce fut un grand, un bien mémorable jour pour notre cité que celui où fut posée la première pierre du couvent de la Visitation de Sainte-Marie. On ne comptait encore dans le monde que trois monastères de cet ordre, et Grenoble allait avoir l'honneur de compléter, en quelque sorte, la base sur laquelle cet ordre fameux s'asseoirait à sa naissance. Quelle vie, quelle rumeur, quelle agitation aux bords de l'Isère, en ce jour solennel où Mme *Christine de France*, fille d'*Henri-le-Grand* (nous ne dirons pas fille des Médicis, ce nom n'a rien qui flatte notre patriotisme), s'achemina en pompe vers le haut lieu de Chalmont (ainsi se nommait l'emplacement où devait s'élever le couvent), pour assister à la pose de la première pierre de l'édifice sacré ! Environnée de sa cour et dans tous ses atours princiers, la royale voyageuse aborde sur la rive droite de l'Isère, à laquelle de pittoresques monuments, détruits depuis, donnaient une physionomie si piquante.

Le carrosse de la princesse a traversé les flots d'une multitude qu'un double enthousiasme transporte ; il s'arrête au bas de la raide montée de Chalmont, cernée d'un profond rempart de têtes humaines, et voici que Mme Christine de France met pied à terre. Sa main se pose sur le bras d'un chevalier d'honneur ; des pages saisissent avec respect la queue de sa longue robe de brocard, et la royale pèlerine, une joie sainte au front, commence, sans égard pour ses pieds délicats, la pénible ascension. La fille des rois songeait peut-être en ce moment que les degrés du trône ne conduisent le plus souvent qu'à un *Calvaire*, et que la prière fervente d'une fille, déposée avec sueur et fatigue aux pieds de Dieu, pouvait servir d'égide à un père !.... (1)

Deux prélats sous la main desquels la colline de Chalmont va, dans un moment, devenir une terre bénie, accompagnent la princesse et marchent à ses côtés, comme pour la fortifier dans le rude labeur qu'elle a entrepris ; l'un est Mgr de Chalcédoine, coadjuteur de l'évêché de Grenoble ; l'autre est Mgr de Genève, prince de cette capitale de l'hérésie, et, mieux encore, Prince du Ciel, où ses éminentes vertus lui marquent déjà une si belle place !

Que cette cérémonie qu'on avait heureusement fixée au milieu du mois le plus serein de l'année, 16 octobre 1619, que cette cérémonie, dis-je, dut être imposante, et quel tableau animé devaient présenter alors ces hauteurs de Chalmont, toutes diaprées des élégants costumes du XVIe siècle ; mais surtout quel spectacle s'offrit aux regards, et quelle sensation s'empara de la foule compacte et silencieuse, lorsque la fille de France, l'épouse de S. A. R. le prince de Piémont, s'apprêta, malgré toutes les représentations de ceux qui l'entouraient, à descendre dans les fondations, fosse béante creusée à treize pieds de profondeur, et s'y abîma en effet comme dans un sépulcre pour y sceller de sa main royale la première pierre du quatrième couvent de la Visitation !

Et cette émotion, comme elle augmenta lorsqu'en ce moment une blanche colombe s'abattant du haut du ciel sur l'assemblée, vint tourner en cercle au-dessus de l'assistance, puis alla se reposer au faîte de la croix qu'on avait érigée

---

(1) Saint François de Salles était, comme l'on sait, aumônier de la princesse de Piémont, et cette dernière s'était rendue au vœu du saint, en venant poser la première pierre du couvent de Sainte-Marie.

au centre de l'emplacement du monastère, là où devait s'élever le Saint des saints ! Une sainte terreur ne s'emparat-elle pas de la foule quand elle vit ce consécrateur ailé répéter deux fois encore le même manége, et disparaître à tous les regards ! Ne dut-on pas croire que le Saint-Esprit lui-même était venu donner son approbation à l'œuvre sainte, et venait de répandre à l'avance ses grâces sur la demeure bénie qu'on s'apprêtait à construire pour d'autres colombes (1).

Aussi cette génération pleine de foi considéra-t-elle ce fait comme un miracle ; et de nos jours, nous avons vu l'univers chrétien s'émouvoir à la reproduction d'une circonstance analogue, alors qu'acclamé comme Souverain-Pontife par le conclave agenouillé devant lui, Pie IX donna sa première bénédiction d'Evêque des évêques aux cardinaux de la sainte Eglise, devenus tout-à-coup ses fils. Une colombe, entrée à l'improviste dans la salle de l'élection, vint voltiger autour du successeur de Pierre, et parut applaudir par son inexplicable présence au choix que le Saint-Esprit venait lui-même de dicter.

Nous venons de présenter dans une faible esquisse la gloire qui accompagna la pose de la première pierre de Sainte-Marie ; et entraîné, nous l'avouons, par ce séduisant spectacle, nous avons omis de parler du berceau même de cette quatrième maison de la Visitation que l'on fondait avec tant d'éclat le 16 octobre 1619 sur la colline de Chalmont. Les fleuves sont, sans contredit, plus beaux à contempler au milieu de leur cours qu'à leur source, qui est presque toujours humble et cachée ; mais leur point de départ si modeste n'attire que plus vivement la curiosité, et

---

(1) Détails tirés de la vie de sainte Chantal, par le P. Fischet.

l'on se plaît à voir comment une flaque d'eau à peine bouillonnante à son origine devient, à quelques lieues de là, le Tibre ou l'Eurotas !

Voyons donc quel avait été l'œuf, pour ainsi dire, d'où était sorti notre cher couvent de Sainte-Marie.

Quatre demoiselles de Grenoble qui avaient été prendre dès le début le voile à la maison-mère de la Visitation, et qui soupiraient ardemment après la formation d'une maison de leur ordre dans leur ville natale, composaient d'abord tout le personnel de la sainte maison qui nous occupe en ce moment.

Issues des premières familles du Dauphiné (1), ces quatre anges tutélaires de Grenoble, dont nous avons enfin eu le bonheur de découvrir les noms, et qui représentaient, par leur nombre plastique et parfait, celui qu'allaient atteindre les fondations de l'ordre de la Visitation, s'appelaient dans le monde Mlles DE GÉRARD, DE GLÉZAT, DU COLOMBIER et BONNET DE LA BASTIE.

Nous regrettons que les limites restreintes de cette Notice ne nous permettent pas de raconter par quelles rudes épreuves, par quels saints combats ces saintes prémices des Visitandines de Grenoble durent passer pour conquérir ce quatrième couvent de la Visitation qui allait se fonder sur cette partie du roc de la montagne appelé jadis *Mont de Salomon*, aujourd'hui *Chalmont*, éminence destinée d'une manière fatidique à porter la demeure des épouses du *vrai Salomon*.

L'histoire seule de Mlle de Gérard, nièce de M. le premier président Bouquéron, est le roman le plus attachant.

---

(1) Tiré d'un manuscrit intitulé : Fondation du premier monastère de a Visitation de Ste-Marie de Grenoble.

Pleine de perfections, riche héritière, près de se marier et de violer par conséquent un vœu de chasteté qu'elle avait fait dans un mystérieux entraînement à l'aurore de sa vie, Mlle de Gérard se voit subitement enlever, par un affreux assassinat, son fiancé, qui tombe sous le poignard d'un homme jaloux du bonheur et des grandes richesses que celui-ci va acquérir par ce brillant mariage. Le vœu sacré de la jeune enfant revient à la pensée de la jeune fille éplorée ; elle reconnaît la main de Dieu dans le coup qui la frappe ; elle se repent, et se donne irrévocablement à l'époux de son âme (1).

Dirons-nous aussi l'opposition du saint évêque de Grenoble, qui préfère un couvent de *Recollettes* à celui de la Visitation qu'on le supplie d'installer ? Dirons-nous le départ pour Annecy de nos quatre héroïnes, entourées de leurs familles et de leurs nombreux amis en pleurs qui leur barrent longtemps le passage, et disputent à Dieu cette précieuse conquête ? car la décision de ces quatre

---

(1) Ce fut au château de Bouquéron, situé à trois kilomètres de Grenoble, dont la position pittoresque sur un mamelon aigu, boisé et isolé, qui se dresse en forme de pain de sucre à la base du Saint-Eynard, et attire de loin l'attention du voyageur cheminant vers la Savoie, qu'eut lieu le tragique événement que nous rapportons. La légende raconte que ce fut la veille de son mariage, au milieu des ombres de la nuit, que le fiancé de Mlle de Gérard, qui montait au château pour offrir à celle-ci son hommage accoutumé, fut frappé traîtreusement d'un coup de poignard par son rival réduit au désespoir. La victime eut encore la force, dit-on, de se traîner jusqu'à la porte du castel ; elle sonna, et quand on vint pour ouvrir, on trouva le malheureux chevalier étendu sans vie sur le seuil.

L'esprit frappé de ce drame lugubre, les habitants du pays prétendirent longtemps que chaque année, dans la nuit où le crime avait été commis, l'ombre de l'infortuné fiancé se présentait à la porte du castel, et en tirait à coups redoublés la sonnette, au grand effroi des habitants du lieu.

belles et aimables jeunes filles cause dans la société grenobloise qui les chérit, une espèce de révolte. Dirons-nous par quelles touches secrètes venues d'en haut, l'évêque de Grenoble, remué et entraîné, consent enfin à la fondation de ce quatrième couvent de la Visitation, si visiblement combattue par l'ennemi de tout bien ? Enfin, peindrons-nous le retour glorieux de nos quatre saintes dans Grenoble, l'ovation inouïe dont elles sont l'objet, la foule de seigneurs et de dames qui leur font cortége, la multitude qui les accompagne en jetant des cris d'allégresse (1) ? Non, nous serions trop long, et il faut nous borner à rapporter le simple et touchant récit qui s'offre à nous dans les Mémoires de la vénérable mère de Chaugy, récit qui a trait à l'établissement provisoire du couvent de la Visitation à Grenoble :

« Saint François de Salles étant venu prêcher au mois de février 1618 un deuxième carême à Grenoble (la parole sainte retentit plus d'une fois d'une manière mémorable dans nos murs, ne soyons pas ingrats), « on le sollicita bien
» fort, dit la mère de Chaugy, de faire venir de ses filles de la
» Visitation de Ste Marie. Notre bienheureux père manda
» donc à notre très-digne mère (Mme de Chantal) qu'elle
» vînt le trouver et qu'elle amenât avec elle des sœurs pour
» faire l'établissement, et les quatre novices reçues à cette
» intention.
» Cette digne mère, accompagnée de ses religieuses, ar-
» riva dans cette ville le septième avril, veille des Rameaux,
» l'année 1618. Mgr de Chalcédoine, coadjuteur de l'évêché
» de Grenoble, reçut fort honorablement notre bienheu-
» reuse mère, et, avec le clergé, lui offrit toutes sortes

---

(1) Tiré du manuscrit désigné plus haut.

» d'assistances. Le bon et saint prélat demeura si édifié,
» qu'il désira le lendemain confesser notre digne mère et
» ses filles ; ce qu'il fit, et il en reçut tant de satisfaction,
» qu'il disoit n'avoir jamais rencontré de consciences sem-
» blables. Il distribua les palmes aux sœurs, fit l'office de
» l'autel, dit la sainte messe, communia la communauté et
» exposa le Saint-Sacrement. Dès ce jour l'établissement
» fut fait.

» Notre bienheureuse mère demeura à Grenoble environ
» six semaines, pendant lesquelles elle visita plusieurs mai-
» sons pour en acheter une, et n'en trouvant point, elle
» arrêta que l'on achèteroit une place nommée *Chalmont* (1),
» lieu écarté, montueux, et qui étoit hors de tout commerce,
» quoique dans l'enceinte de la ville. Elle dit que plusieurs
» incommodités que l'on auroit à bâtir en ce lieu-là, seroient
» compensées par la tranquillité de laquelle on y jouiroit :
» en même temps, elle reçut quelques filles, et établit supé-
» périeure notre très-honorée mère Péronne-Marie DE
» CHATEL ; puis elle revint dans cette maison d'Annecy,
» accompagnée de notre chère sœur et mère Claude-Agnès
» DE LA ROCHE (2). »

Épouses du Seigneur, prenez donc possession de ces hauts lieux que le génie de Vauban n'a pas encore couronnés des foudres de la guerre ; que l'asile de paix où vous vous enfermez loin des rumeurs de la ville, soit le boulevart qui

---

(1) Toutes les places pour bâtir cette heureuse demeure ne coûtèrent que 841 fr. (Note tirée de l'Histoire des fondations du couvent de Ste-Marie.)

(2) Mémoires de la mère de Chaugy sur la vie et les vertus de sainte Jeanne-Françoise de Chantal, publiés en 1845 par l'abbé Boulanger, pages 167 et 168.

protège Grenoble, et que cette cité privilégiée, les yeux fixés sur cette forteresse céleste, lui adresse ces paroles que vous avez peut-être chantées en entrant dans son enceinte : *Hæc requies mea in æternum !*

Le repos ! où le trouver sur cette terre sans cesse croulante ? Le repos, est-il assuré même aux plus purs, même aux plus saints ? Chastes et infortunées filles de la Visitation, Chalmont ne vous offrira pas toujours la paix profonde qui y accueillit, en 1619, vos premières sœurs ! Voici l'année de sang par excellence arrivée pour le monde : 1793 gronde autour de votre pacifique demeure et couvre du bruit de son tonnerre vos saints cantiques. Entendez les hurlements du démon révolutionnaire.... il a soif de carnage, et il n'y a plus de repos possible sur la terre de France ! C'est contre vous surtout, ministres du Très-Haut, contre vous aussi, vierges sacrées, que sa fureur se déchaîne : il a résolu de *faire cesser sur la terre les jours de fête du Seigneur* (*Quiescere faciamus omnes dies festos Dei à terrâ.* Ps. 73.), et, le mot de liberté à la bouche, il ébranle avec rage les grilles des couvents. L'ennemi de Dieu n'attaqua point cependant celui de Sainte-Marie-d'en-Haut ; les colombes du Seigneur durent s'enfuir, il est vrai, du trou de cette pierre mystique, de ce séjour de pénitence et de prière ; mais, chose merveilleuse, et qui est un éternel honneur pour notre cité, la demeure des filles de la Visitation ne fut point saccagée, et le riche sanctuaire où l'encens de leurs vœux avait monté vers le ciel, ne reçut aucun outrage : Notre-Dame avait sans doute dérobé, on est porté à le croire, cet édifice aux marteaux des démolisseurs.

Devenu monument national, le couvent de Sainte-Marie passa alors aux mains de la municipalité ; le terrain qui l'environnait et toutes ses dépendances avaient trouvé acquéreurs, l'édifice n'en trouva point; mais à défaut d'acheteurs, la Liberté sut lui procurer des locataires; la sainte maison fut transformée en prison politique, et devint le lieu de dépôt où tous les suspectés d'être suspects de la province du Dauphiné furent enfermés. Là, comme dans toutes les prisons de la République, les rangs étaient mêlés et confondus; le noble y coudoyait le plébéien jeté avec lui dans le même abîme d'infortune, et, frères de douleurs, nivelés sous la même menace de mort, reproduite, ainsi que nous allons le voir, sous des accusations différentes, mais qui aboutissaient toutes à l'échafaud, petits et grands, plongés dans la même misère, le même cachot et les mêmes angoisses, attendaient dans le sanctuaire de-Ste-Marie-d'en-Haut que le bourreau vînt les réclamer.

Voulez-vous juger de ces accusations capitales dont nous venons de parler? Triomphez de votre dégoût; écoutez, elles sont curieuses par le fond et par la forme : l'un est accusé de fédéralisme; l'autre de modérantisme; un troisième de fanatisme; puis un quatrième, de royalisme. Enfin, toutes ces accusations réunies pèsent d'ordinaire, avec le plus souverain mépris des règles de la grammaire, sur la tête des prévenus.

Ici, M. Lambert père, ex-avocat, est accusé d'aristocratie; puis l'accusateur ajoute : « contrefaisant le patriote, père » d'un émigré, déclamant contre les décrets et fanatisant le » peuple. »

Ce pauvre peuple, on avait donc bien peu de créance en sa dévotion envers Marat et Robespierre, qu'on s'inquiétait si fort de le voir apostasier!

Plus loin, ce sont Mmes de Chichilianne et de Calamand (noms décapités, bien entendu, de leur particule), qu'on accuse de déclamer contre les clubs et de tenir de mauvais propos (*sic*) contre la Révolution, cette terrible souveraine, qui ne se contente pas qu'on se taise sur son compte, mais qui, plus difficile et moins modeste que la femme de César, veut qu'on s'entretienne de ses vertus et que l'on chante ses louanges !

Puis, c'est le citoyen Richard, aubergiste, « accusé de *fé-* » *déraliste*, de *royaliste*, et d'avoir dénigré Dubois-Crancé. » Or, sachez que ce dernier grief est fréquemment imputé aux détenus de Ste-Marie ; on le rencontre à chaque instant dans le dossier funèbre : avoir dénigré l'honorable Dubois-Crancé, *quel crime abominable! rien que la mort n'était capable d'expier ce forfait !* Celui-là, aux yeux de nos Brutus, couronnait tous les autres, et il appelait sur la tête de celui à qui on l'attribuait, la terrible formule : *Sacer esto.*

Nous voyons aussi une veuve Brissac (vous pensez bien que l'odieuse particule a été également supprimée devant ce nom historique) accusée de fanatisme et d'aristocratie, et de tenir, non des propos *inciviles*, mais *inciviques*. La construction de phrase est vicieuse, mais l'irrégularité du style est abondamment rachetée par la moralité des actes de la Convention nationale ; et ce beau nom de Brissac, qui clôt une des séances du tribunal révolutionnaire grenoblois, est comme jeté au bourreau par le démon de la nuit. Minuit sonne, et on lève la séance, afin que les proscripteurs puissent reprendre haleine.... et se livrer aux douceurs du repos !

Disons vite, pour consoler les cœurs au milieu de cette lugubre partie de l'historique de Ste-Marie, disons vite que les registres de la commune témoignent de la noble et touchante fidélité qu'un grand nombre de serviteurs ont montrée à leurs maîtres emprisonnés dans le couvent. Les noms de *Prud'homme*, valet de chambre de M. le marquis de Béranger ; de *Gontard*, domestique de M. de Bardonnenche ; de *Valentin*, domestique de M. de Meffrey ; de *Genton*, domestique de M. de Langon ; de *Grimaud*, domestique de M. de Grammont (1), sont presque journellement inscrits parmi ceux des visiteurs. Voilà, il faut en convenir, des gens bien fanatisés par leur cœur, bien esclaves de la charité et bien irrespectueux envers la République !

Nous ajouterons à cette espèce de députation d'honorables serviteurs que nous citons ici, parmi tant d'autres, pour l'honneur de cette profession et la consolation de l'humanité, des noms de servantes que nous prenons au hasard : c'est Marie *Gonnard*, domestique de M. Clapier ; Jeanne *Morel*, domestique de M. Jayet ; la nommée *Bayard*, domestique de M. Beaufort ; la *Robert*, domestique de

---

(1) M. le duc de Grammont-Caderousse appelé, ainsi que M. le marquis de Béranger, son compagnon de captivité à Ste-Marie, devant le tribunal révolutionnaire d'Orange, ne fut pas aussi bien inspiré que ce dernier dans le choix qu'il fit du véhicule qui devait le conduire dans cette ville. La faculté lui ayant été laissée ou de monter dans la lugubre charrette, qui transportait d'ordinaire les détenus dans cette funeste localité, ou de prendre à ses frais une voiture qui lui ferait faire plus doucement ce lamentable voyage, il céda à la faiblesse de son grand âge, et choisit le carrosse comme un moyen de transport plus digne en même temps de son rang. Le voyage fut prompt, et le noble vieillard descendit bientôt de sa voiture pour passer au tribunal révolutionnaire, et de là monter à l'échafaud.

Le marquis de Béranger, qu'il avait fort pressé de suivre son exemple, et à qui il avait représenté combien le trajet en charrette serait long, et le peu de convenance de ce mode de transport pour des gens de qualité, lui avait répondu : — « Monsieur le duc, quand il s'agit d'aller où l'on « veut nous mener, il n'est pas nécessaire d'aller si vite. » Et le marquis était monté résolument dans la charrette, celle-ci arriva effectivement très lentement à Orange, et le lendemain... du 9 thermidor ! Quelle chance ! et combien le marquis dut s'applaudir de son bon sens et de son humble choix ! Le carrosse l'eût perdu, la charrette le sauva !

M. Charles Binelli, qui viennent également tous les jours servir et consoler leurs maîtres dans la prison étrange de Ste-Marie, prison gardée, du reste, par des geôliers accessibles à la pitié, et qui s'ouvre le matin pour plusieurs des détenus, sur la parole que donnent ceux-ci de se réintégrer le soir, à l'heure de l'appel, sous les verroux de cet antre de la superstition et du bigotisme, comme on devait désigner alors, sans aucun doute, notre cher monastère.

Ce ne sont pas seulement des gens du siècle que l'on incarcérait dans les paisibles cellules des Dames de la Visitation; les registres de la commune contiennent aussi des noms de prêtres et de religieux, hôtes forcés du couvent; parmi eux, l'on distingue celui d'un pasteur dont Grenoble conservera à jamais le souvenir : M. de Lagrée figure parmi ces esclaves.... de la liberté!

Nous venons de voir que les noms les plus illustres du Dauphiné sont couchés sur ces listes de geôle. Nous en citerons un, en dernier lieu, qui excite dans l'âme un sentiment de profonde mélancolie; en le lisant, il semble qu'on voie percer, à travers les barreaux de la prison, un de ces rayons obliques que le soleil laisse tomber du haut de la montagne à son coucher : ce nom, c'est celui du citoyen VIENNOIS. Descendant d'Humbert II en ligne indirecte, cet intéressant visiteur, car il n'est pas prisonnier, gravit la rude montée de Chalmont, pour aller essuyer les larmes de son vieux père, qui expie sous les verroux sa princière origine. La vénérable Mme Péret, fondatrice de la maison des Ursulines de Grenoble, et supérieure plus tard de cette sainte communauté, est un nom que nous serions impardonnable de ne pas extraire de la geôle de Ste-Marie, et de ne pas enchâsser ici dans notre vénération profonde. Quel était le crime qui avait amené là cette sainte personne? Il n'est pas difficile de se l'imaginer ; elle aimait Dieu de tout son cœur, et le servait lui seul : il n'en fallait pas davantage pour lui procurer les honneurs de la prison... en attendant mieux. Ce *mieux*, elle ne put l'atteindre, et ce fut à son grand regret.

Un jour, cependant, elle crut toucher au terme de ses désirs. Ce terme, on le devine, c'était, pour une pareille âme, l'échafaud ! Et, il faut en convenir, le peu de respect de Mme Péret pour le *décadi*, et son obstination à garder, avec quelques-unes de ses sœurs en religion, compagnes de sa captivité, le *saint jour du dimanche*, avaient dû lui faire espérer la couronne du martyr, objet de son ambition. Aussi, quelle fut la joie de cette sainte religieuse, de *cette fanatique* (comme diraient certaines gens), lorsqu'un matin on vint lui annoncer que la charrette libératrice l'attendait, elle et ses sœurs, pour les transporter à Lyon, à Lyon où l'on procédait non moins expéditivement qu'à Orange ! Un cri de joie s'échappe de sa poitrine, ses sœurs le répètent, et voilà les héroïques épouses du Seigneur qui courent au-devant de l'ignoble véhicule qui va les mener aux noces éternelles... Mais un autre cri de joie vient de retentir dans les murs du couvent de Ste-Marie ; il est immense, il est répété par la ville entière : la nouvelle du 9 thermidor vient de retentir dans la lugubre enceinte et d'y ranimer les cœurs des prisonniers. Mais pour Mme Péret cette nouvelle est presque un malheur, car elle vient de retomber du ciel, qu'elle entrevoyait déjà, dans la vallée de larmes, où venait de couler tant de sang ! Elle s'attriste donc, elle gémit, et l'on voit poindre dans ses yeux des pleurs qui révèlent toute l'amertume de sa déception (1).

---

(1) On nous avait dit d'abord que c'était en arrivant à Lyon que Mme Péret, témoin de l'allégresse que venait d'y faire éclater la nouvelle

La chute de Robespierre mit fin au drame qui se jouait à Ste-Marie-d'en-Haut; les gémissements des captifs cessèrent de s'y faire entendre, et le silence de la tombe succéda alors, dans l'édifice sacré, au bruit des pleurs des victimes, prière qui était aussi montée vers le ciel! Cette solitude et ce silence durèrent jusqu'au retour inouï de l'auguste famille de St Louis. C'est alors que pour justifier la devise qui entoure, comme nous le verrons dans la suite, un arbre enflammé peint sur un des murs du sanctuaire, devise prophétique composée de ces deux mots : *non extinguetur*, c'est alors que ce couvent renaît et ressuscite sous le patronage du digne marquis de Pina, alors maire de Grenoble.

Ce ne sont pas, à la vérité, les Dames Visitandines qui reprennent alors possession de leur chère quatrième maison de la Visitation; mais ce sont des religieuses dignes d'occuper ce sanctuaire qui viennent lui redonner momentanément le mouvement et la vie : c'est aux Dames du Sacré-Cœur que le pieux maire accorde asile au couvent de Sainte-Marie, sous la condition expresse d'en soigner et d'en entretenir les bâtiments.

Avec quel empressement ces autres épouses du Christ

---

du 9 thermidor, avait recouvré sa liberté ; on voit, d'après la seconde version que nous donnons ici, qu'on nous avait mal renseigné à ce sujet.

Nous croyons que le lecteur nous saura gré de lui expliquer en quoi consistait *le peu de respect de M*^{me} *Pérel pour le décadi :* « Tous les prisonniers de Sainte-Marie étaient obligés de travailler à quelque métier, et, le dimanche comme les autres jours, ils devaient remplir leur tâche, autrement, on leur retranchait les vivres. Que faisaient Mme Pérel et ses respectables compagnes ? Elles avaient bien soin de violer le *décadi*, jour de repos de la république, et de respecter le dimanche, jour du repos du Seigneur. Tous les dimanches donc cette petite communauté d'héroïnes se parait de son mieux, priait et jeûnait.... jusqu'au lendemain ! »

n'acceptent-elles pas les faciles conditions du bail qu'on leur propose ! Elles s'installent avec amour dans le saint asile des filles de St François de Salles, dans cet asile tout rempli des souvenirs de ce grand saint et de sa fille bien-aimée, Ste Chantal, et la colline de Chalmont retentit de nouveau des cantiques divins, qui font justice des superbes et préconisent les humbles.

Hélas ! les Dames du Sacré-Cœur ne pourront pas jouir longtemps du bonheur qu'elles goûtent dans ce saint lieu : Voici les travaux de la Bastille, travaux pleins de dangers pour elles, qui viennent troubler leur sécurité ; et la mine qu'on est obligé de faire jouer au-dessus de leurs têtes, pour aplanir et niveler le terrain, la mine qui menace incessamment de lancer sur leurs toits ou de faire écrouler contre les murs du couvent des éclats de rochers, leur enjoint le départ : ces Dames sont contraintes, contrairement à la vieille et courtoise maxime : *Cedant arma togæ*, de céder aux armes ; elles abandonnent avec regret les avantages de l'hospitalité protectrice du noble marquis de Pina, et elles s'éloignent, la douleur dans l'âme, de ce couvent historique qui retombe aux mains de la commune.

Embarrassée de ce vaste local, et ne sachant à qui le louer désormais, celle-ci ne vit qu'un moyen de l'utiliser : elle le livra libéralement à diverses sociétés enseignantes qui se le partagèrent. L'école normale, les Sœurs de la Providence, une institution de jeunes garçons enrégimentés sous le respectable titre de *Salle d'asile*, furent conviés à venir peupler les grandes salles désertes du monastère : c'était un bouquet multicolore, un peu entaché de bigarrure, mais d'agréable odeur, nous aimons à le croire, qu'on offrait, sans se douter de ce qu'on faisait, à la patronne par excellence de l'enfance, à celle que nous saluons du nom auguste de *Reine des Anges*.

Cette enfantine et innocente république, cette petite Babel de marmots et d'adultes établie dans le couvent de Sainte-Marie-d'en-Haut, dura jusqu'en février 1848, époque où la société, secouée jusque dans ses bases par des doctrines funestes, menaça de s'écrouler tout-à-fait. Semblable à une courtisane ivre et parée, qui chante les joies et les plaisirs de la terre en côtoyant un précipice, cette société insensée ne s'aperçut du danger qui la menaçait que lorsqu'elle eut mis le pied dans l'abîme.

Alors eut lieu ce grand retour de l'opinion, signe de meilleurs jours, vers le catholicisme. Alors, les ordres enseignants, si longtemps proscrits, reprirent faveur, et l'on vit s'élever de toutes parts en France, sous le soleil d'une liberté sincère et sans restriction, des maisons d'éducation chrétiennes. Le mot de Casimir Périer mourant sur un lit de douleur : *Retournez au catholicisme, ou vous êtes perdus*, revenait à la mémoire de cette société épouvantée ; les yeux se levaient avec supplication vers le signe du salut ; et, retrouvant le chemin de la vie et de l'ordre, la France, rattachée enfin à l'ancre de son antique foi, et proclamant le grand principe de l'antiquité : *Souverain respect à l'enfance*, allait dominer la nouvelle tempête où son vaisseau avait failli sombrer.

Ce mouvement merveilleux de l'opinion, ce retour vers les saines et salutaires doctrines, si consolantes pour l'avenir, n'avait pas échappé à Mesdames les Ursulines de Grenoble, et celles-ci, prévoyant que leur part de glorieux labeurs allait s'accroître au milieu de cette rénovation sociale, voulurent seconder, autant qu'il était en elles, ce bienheureux élan de la société vers l'enseignement religieux et catholique ; mais pour cela, il leur devenait indispensable et de s'agrandir, et de trouver un emplacement plus favorable que celui qu'elles occupaient place de la Saulée, où ces religieuses habitaient une maison un peu sombre et réputée malsaine.

Le couvent de Sainte-Marie, situé dans la belle position que l'on sait, mieux aéré, plus vaste, et susceptible d'être agrandi, présentait à ces pieuses institutrices toutes les conditions désirables. Offre fut faite par elles à la ville d'échanger leur humide cloître contre ce radieux oasis de la montagne. Cet échange, sollicité en février 1850, fut accepté, et au mois de mai de la même année, commencèrent les travaux de restauration du couvent de Sainte-Marie, travaux qui s'attaquèrent d'abord à la toiture fort délabrée, et qui me causèrent au premier moment, ainsi que je l'ai raconté plus haut, un mouvement de désespoir qu'un antiquaire seul peut comprendre.

Il y avait beaucoup à faire pour remettre en état ce vieil édifice laissé si longtemps sans entretien. Les bâtiments tombaient presque tous en ruines et exigeaient un remaniement complet. C'était l'ancien dortoir surtout, collé d'une manière si insalubre contre la paroi du rocher qui surplombait en cet endroit le toit du couvent, qu'il était important de retoucher et d'assainir ; l'air et le soleil lui manquaient, il fallait lui amener l'un et l'autre. Le zèle et la foi de Mesdames les Ursulines ne reculèrent point devant un ensemble de dépenses si formidables ; et quoique pour obtenir la dernière amélioration dont je viens de parler, il fallût entreprendre une opération fort coûteuse, elles n'hésitèrent point à en poursuivre la réalisation. Or, il ne s'agissait rien moins, pour dégager le dortoir de son atmosphère méphytique, que de pratiquer dans le roc, à l'aide de la mine, un couloir de deux mètres, qui isolât de la montagne cette partie du couvent. Ce travail de Romain, qui fait un véritable honneur à l'entrepreneur des travaux de Ste-Marie, M. Reynère, fut exécuté avec un plein succès : le dortoir reçut à flots l'air si pur de Chalmont, et la tendresse des Mères n'eut plus rien à redouter pour la santé de leurs chères enfants, dans ce magnifique couvent de Sainte-Marie-d'en-Haut, remanié et restauré de fond en comble.

Je n'ai pas mission de dire sur quel excellent pied fut monté le brillant pensionnat de Mesdames les Ursulines ; leur humilité s'effaroucherait de mes éloges, et je m'écarterais d'ailleurs de mon but, qui réclame impérieusement que je me remette en marche vers lui. Je dirai seulement que la modestie ainsi que la bonne grâce répandues sur le front de deux chères enfants que je vois depuis deux ans grandir en sagesse dans cette sainte maison, louent mieux que toute phrase l'excellente discipline qui y règne, et les vertueuses leçons qu'on y reçoit.

Reprenons à présent la dure montée de Chalmont, que, pendant huit jours consécutifs, j'arpenterai à la fraîcheur et sous le clair de lune de M. de Vendôme, sans me plaindre pourtant ; car à mesure que j'avancerai dans cette longue exploration de l'antique chapelle de Ste-Marie, à mesure, dis-je, que je fouillerai plus avant dans cette mine artistique, je rencontrerai des filons d'or qui me récompenseront de toutes mes fatigues. Et d'ailleurs, si cette montée est rapide, si le soleil de juin la transforme en fournaise et vous darde des flèches de feu sur le dos, songez que cette montée était autrefois meublée de quatorze stations d'un chemin de Croix qu'on avait peintes grossièrement sur les murs qui joignent la porte triomphale ; songez à cette voie douloureuse dont il ne reste plus sous vos yeux de traces sensibles ; songez au lourd fardeau du Calvaire, aux divines sueurs, au divin sang...; et que l'antiquaire découragé appelle le chrétien à son aide.

J'ai dépeint l'entrée du couvent ; c'est sur la petite place déjà décrite que je débouche de nouveau, et c'est en face de la porte de la chapelle que je m'arrête, fixant devant moi un de ces regards de bonheur que j'ai surpris quelquefois sous les voûtes de la galerie du Louvre et voire même dans les sublimes capharnaüm du quai Malaquais, à la vue de tel bahut, de telle statuette, ou de telle toile enfumée. Ici, point d'admiration hasardée, point de douteuse beauté, rehaussée seulement de ses trois ou quatre cents ans d'existence. Vous avez dans cette porte que je contemple si amoureusement, un objet d'art intact, un bijou d'architecture et de sculpture ; vous avez enfin devant les yeux une véritable porte de temple. Oh ! qu'il est fâcheux que des considérations financières, et surtout la crainte du vandalisme empêchent nos architectes de faire de belles portes à nos églises ! Quelle grandeur ce grave accessoire, traité avec richesse, ne communique-t-il pas à la maison de Dieu ! Voyez les portes du baptistère de Florence, appelées portes du Paradis par Michel-Ange ; voyez celles du Dôme de Pise, dans lesquelles le talent de Jean de Bologne ne le cède en rien au génie de Ghiberti ; comme ces majestueuses clôtures vous prédisposent au respect que réclament les saints parvis ! Honneur donc à l'architecte, au sculpteur qui, dans une mesure plus modeste il est vrai, mais avec une entente profonde du beau, ont atteint, dans le monument présent devant moi, le but que je signale ; ont clos enfin d'une porte religieuse, d'une porte à laquelle ces épithètes du vocabulaire archéologique *speciosa* et *regia* conviendraient si bien, la chapelle des Dames de la Visitation !

Voici le moment critique arrivé pour nous ; il nous faut dresser notre inventaire, et commencer notre ingrat métier de commissaire-priseur. Nous tâcherons que la poésie intervienne dans ce côté matériel de notre mission. Sans perdre de vue le positif, nous nous abandonnerons à nos sentiments de chrétien et à nos émotions d'artiste, pour conjurer la monotonie qui nécessairement ressort de ce sujet. Écrivons donc.

N° 1, porte de la chapelle. Maintenant, décrivons-la en meilleur style, s'il se peut, que celui des catalogues. — Ladite porte est enclavée sous une arcade de plein cintre, surmontée d'un fronton de pierre élégant, qui porte sur deux pilastres ; ceux-ci reposent sur deux embases bien proportionnées ; cet encadrement, qui forme une assez vive saillie, relève habilement, par son calme et sa simplicité, l'ornementation de la porte proprement dite, et donne à celle-ci de la perspective.

Nous diviserons cette porte-ci en sept parties principales, nombre qui est un type excellent d'harmonie, savoir : un tympan plein cintre, quatre panneaux carrés, deux supérieurs et deux inférieurs, et au centre de chaque battant, deux panneaux allongés ; de larges moulures très nourries et non massives encadrent les sept compartiments, qui sont décorés de sculptures à la fois riches et sobres.

Esquissons le tympan. Une double couronne soutenue par quatre palmes accouplées, dont deux se redressent fièrement et deux se recourbent avec une sorte d'humilité, embrasse un médaillon où est sculpté le monogramme trois fois saint, celui du Christ : la première de ces couronnes, symbole d'ignominie et de souffrance, est une couronne d'épines ; la seconde, empruntée à l'arbre qui fournit des couronnes à tant de triomphateurs, est de laurier. Heureuse alliance qui rapproche immédiatement dans la pensée la roche Tarpéienne, du Capitole, l'*Hosanna*, du *Tolle !* Ce tympan, qui raconte si vite et si bien tant de douloureuses gloires, est d'une exécution magistrale : il est impossible d'unir à une idée plus heureuse un dessin qui flatte davantage les yeux. Un riche rinceau de laurier, semblable à une magnifique péroraison, forme la base du tympan, qui y asseoit toute son ornementation.

Passons au battant de la porte. Un champ uni vient, après le rinceau, reposer les yeux ; puis les deux panneaux carrés supérieurs vous offrent chacun, dans un mâle encadrement, une charmante guirlande de fleurs très fournie et très finement travaillée, qui s'échappe de deux culots enrubannés ; le champ uni reprend, et les deux panneaux oblongs saillent et s'allongent ; ceux-ci sont occupés par deux branches de chêne entrelacées, accusées avec une netteté et une vigueur singulière : le feuillage en est vivant. Viennent ensuite, après le champ uni qui est rappelé, les deux panneaux carrés inférieurs, ornemanisés dans le même goût que ceux qui ornent le haut des battants. Ne perdons pas de vue l'encadrement général de la porte, qui est formé par une large doucine découpée en belles et grasses feuilles d'eau, qui ont l'air d'être ciselées dans du bronze. Enfin, pour compléter l'élégance de cet encadrement plein de style, deux guirlandes droites s'échappent du rinceau de laurier et viennent, toujours en s'affinant et comprimées par sept liens, accompagner les deux jambages lisses de la porte, qui semble être ainsi gardée par les sept sacrements de l'Église. Ces deux guirlandes sont composées elles-mêmes de feuilles de laurier, et achèvent d'imprimer un caractère glorieux et triomphal à cette porte qui conduit chez le Roi de la véritable gloire.

Nous n'allongerons pas de considérations mystiques plus étendues cette description déjà un peu longue ; il nous est impossible, cependant, de ne pas faire ressortir encore une fois ici l'heureux et harmonieux emploi du fameux nombre sept, nombre qui préside avec une affectation si marquée à l'ornementation de notre belle et royale porte de Sainte-Marie. Ce nombre sacré s'y montre dans toute sa puissance et toute sa gloire, et, pour la première fois de ma vie, je m'incline devant la majesté des chiffres : celle du siècle de Louis XIV, dont cette porte me semble être contemporaine, réclame bien aussi mon hommage, et je le lui rends de bien bon cœur, sans me déclarer pour cela gallican.

Cette profession de foi une fois faite, ouvrons la belle porte, et, le front bien autrement incliné que devant le grand siècle, entrons dans la demeure du Roi des rois. Le loquet a cédé sous ma main ; le battant s'ouvre, et me voici engagé de nouveau sous la voûte obscure de l'imposante chapelle, où la nuit, malgré l'heure de midi, semble m'accueillir cette fois. En vain cherchais-je des yeux les rayonnements inouïs que j'ai entrevus au fond du chœur lors de ma première visite.... ils ont disparu, et à leur place règne un jour sépulcral qui s'est emparé du Saint des saints ; le tabernacle géant, ses sculptures fantastiques, son Jéhova entouré d'anges, se sont évanouis dans une lueur légèrement sanglante, et la gloire du Seigneur semble absente pour le moment du saint lieu.... Mais un rayon de soleil a ranimé subitement cette splendeur morte ; la pourpre éteinte du rideau de la fenêtre du chœur s'est soudainement embrasée comme le cœur d'une fournaise, et sous ce foyer mystique, symbole d'une charité ardente, le Saint des saints a repris sa vie et lance de nouveau des éclairs rougeâtres : je suis sur le Sinaï, le buisson ardent est devant mes yeux, et le frisson parcourt mes membres.

Qu'on ne croie pas que j'exagère la poésie de ce magique effet de lumière, il est réellement saisissant ; tellement, qu'au moment où il se produit à vos yeux, vous sentez le besoin d'aller vous réfugier dans la chapelle latérale de la Sainte-Vierge, dont j'ai déjà fait mention. Inondée d'une vive lumière, cette chapelle projette à travers sa large arcade de plein cintre, sur les dalles de la nef obscure, une voie lumineuse qui attire et rassure le suppliant, accablé et épouvanté de la majesté du sanctuaire : c'est comme un port de salut qui s'ouvre à sa terreur ; et la tendre compassion de la véritable Esther semble s'interposer entre le courroux du véritable Assuérus et lui.

C'est vers cet asile de miséricorde que, poussé par un double sentiment de gratitude et d'impuissance, je dirige mes pas ; et de suite j'aperçois, resplendir au-dessus d'un riche autel que couronne un précieux retable, une belle statue de la Mère de la divine grâce. Cette statue, de grandeur naturelle, est de bois doré. Les draperies sont amples et moelleuses, et la manière dont la Sainte Vierge présente le Verbe fait chair à l'adoration des fidèles est pleine de commisération. Placée par une heureuse nécessité, la voûte de la chapelle étant assez basse, à peu d'élévation du sol, et surmontant immédiatement le tabernacle, cette statue produit un effet puissant : on dirait qu'une sainte familiarité du Roi et de la Reine du ciel les fait descendre ici plus près de la prière ; et jamais ce magnifique et attendrissant passage de l'Écriture : *Inclinavit cœlos et descendit*, n'a été rendu plus sensible à l'esprit par l'effet d'un pur hasard. Cette statue, qui décorait jadis la chapelle de l'ancien couvent des Dames Ursulines, a accompagné ces dernières dans leur migration, et semble avoir été faite exprès pour le nouveau sanctuaire où nous la voyons figurer, et où elle s'harmonise si bien avec des sculptures de même style.

Voilà que je me laisse entraîner par l'aspect suave et consolant de cette petite chapelle, et que, contrairement à toute méthode (les poètes en connaissent-ils?), je me mets à décrire l'accessoire avant le principal. Ne levons pas du moins les yeux vers la voûte de ce petit sanctuaire; ses curieuses fresques nous perdraient tout-à-fait; contentons-nous de dire quel est l'autel où nous venons d'invoquer le *Refuge des pécheurs*; et puisque nous avons tant fait que de parler de la Reine du ciel, à laquelle nous dédions ce petit travail, décrivons de suite le trône où nous la voyons assise : nous n'aurons plus à nous occuper de ce détail.

Ce trône donc, est formé par le tabernacle même de l'autel. Ce tabernacle est en marbre blanc. Deux têtes d'anges accouplées et s'entre-regardant, sont sculptées en ronde-bosse en guise de couronnement à son sommet; vous diriez des âmes de deux époux bien assortis réunies dans la béatitude des tabernacles éternels. Le tombeau de l'autel, d'un goût exquis, est revêtu de précieux marbres; mais ce qui arrêtera surtout ici nos regards, c'est le gracieux retable qui couronne toute cette richesse; retable qui est contemporain, nous le pensons du moins, du géant de même nature dont nous aurons bientôt à nous occuper, et devant la majesté duquel nos regards se sont abaissés avec terreur. Ce retable mineur (l'autre a le droit de s'appeler majeur) est composé de deux colonnes torses, dont les chapiteaux corinthiens supportent un large plein cintre formant entablement : des feuillages issus d'une vaste coquille d'or placée au centre de l'arc, se déroulent de chaque côté et vont rejoindre deux corbeilles de fruits et de fleurs qui culminent au-dessus de la corniche, et portent sur les chapiteaux ; une tête d'ange meuble le vide de la plate-bande au-dessous. Voilà l'agencement de ce retable ; mais ce que je n'ai pas dit, c'est le travail inouï des deux colonnes, dans les torses desquelles grimpent des ceps de vigne complètement dégagés et à jour. Des colombes perchées de distance en distance sur les branchages noueux des ceps, en becquetent les raisins. Tout ce merveilleux travail, accompli dans la masse même de la colonne, se détache, ainsi que l'ornementation du fronton, en or sur fond blanc : ces seules colonnes mériteraient qu'on fît l'ascension du couvent de Sainte-Marie.

Mais ne tardons pas davantage ; abandonnons la petite chapelle pour la grande, et procédons au scrupuleux inventaire de richesses picturales et sculpturales de cette dernière. Avant, toutefois, d'entamer le relevé des fresques, il est bon de dire quel est le style de la chapelle, et quelles peuvent être ses dimensions.

La chapelle de Sainte-Marie appartient au style roman proprement dit. L'arcature de ses voûtes rappelle celle de la basilique inférieure d'Assise, et nous avons devant les yeux le plein cintre pur sang dans tout son développement grandiose. Divisée en deux portions par un arc de cette nature, la nef, quoique de peu d'étendue, revêt une apparence de profondeur que ne contribue pas médiocrement à augmenter l'arcade majestueuse du chœur. Des nervures gothiques partagent en forme de croix de saint André cette double voûte, et les quatre pendentifs produits par ce croisement des nervures sont entièrement occupés par des arabesques en ton grisaille, qui encadrent deux médaillons et deux octogones couleur or, placés en regard. Ces camaïeux, renfermés dans de magnifiques bordures composées de palmettes, de feuilles d'acanthe et de feuilles d'eau, alternées, représentent des sujets tirés du Nouveau-Testament, et qui ont tous trait à la vie de la Sainte-Vierge. La plate-bande de l'arc, les nervures elles-mêmes, sont recouvertes d'arabesques. La même ornementation règne sur les murailles, et les tympans latéraux sont meublés de larges octogones même couleur or, qui se détachent sur une manière de cénotaphe que nous décrirons tout-à-l'heure.

Précisons les dimensions de l'édifice. J'estime que, du sol jusqu'à la clé des voûtes, il peut avoir dix mètres de haut; sa largeur, que j'ai mesurée deux fois à l'aide de mes pieds, est très certainement de neuf mètres; sa longueur, que j'ai sondée aussi deux fois par le même moyen, est à peu près de vingt-six mètres et demi; je dis à peu près, car, arrêté par la masse de l'autel, il m'a été impossible d'atteindre le point central de la muraille du chœur, qui est cintrée, et je n'ai pu prendre qu'approximativement cette dernière mesure. On voit, du reste, par ces proportions, que la chapelle de Sainte-Marie atteint presque celles d'une petite église, à laquelle l'assimile le grandiose de sa construction.

Les amis du positif et de la mesure ainsi satisfaits, je reprends le fil de ma description; et pour cela me plaçant, comme le Publicain, au bas du temple, sous la ténébreuse tribune de l'orgue, que je vais éclairer en tenant la porte de la chapelle ouverte, seul moyen d'avoir du jour, je commencerai mon office d'inspecteur et j'aborderai l'explication des raretés accumulées sous mes yeux éblouis.

Jusqu'ici, nous n'avons fait qu'esquisser à grands traits

la chapelle du couvent de Sainte-Marie, et, nous attachant plutôt à la poésie qu'elle recèle qu'à ses mérites esthétiques, nous n'avons fait que désigner le genre de fresques qui habillent de toutes parts ce monument. Il est temps de parler plus explicitement de ces fresques, et de nous appesantir sur ce point si important. Passons donc à l'investigation approfondie de ces dernières, dont le mérite fixera souvent notre attention.

La tribune de l'orgue, étroite, légèrement cintrée et figurant une large cannelure, sera, pour ainsi dire, le frontispice de cette galerie aérienne qui va tendre pendant de longues heures, nous pourrions dire pendant de longs jours, les nerfs endoloris de notre cou, et fatiguer notre prunelle.

Peu élevée au-dessus du sol, la tribune en question nous préparera tout doucement à cette pénible gymnastique, et nous lirons sans peine, à l'aide du jour extérieur et d'un puissant soleil de juin qu'elle réfléchit, les fresques multipliées qui la décorent. Et d'abord, un mot sur la distribubution et l'ordonnance de ces fresques. On pourrait dire qu'elles la divisent en cinq compartiments, savoir : un camaïeu oblong, couleur or, meublant son milieu au-dessus de la porte; puis deux médaillons couleur bronze, en regard l'un de l'autre à chaque bout; le champ qui règne entre ces cinq compartiments est, en quelque sorte, niellé par des arabesques grisailles qui se lient fort savamment les uns aux autres, et qui détachent, comme sur une guipure d'argent, les quatre médaillons et l'espèce de basrelief d'or dont je viens de parler.

C'est bien, en effet, de l'or en barre pour l'antiquaire et pour le poëte, que cette précieuse fresque que les yeux rencontrent de prime-abord à l'entrée de la chapelle. Le sujet n'est pas difficile à reconnaître : c'est la pose de la première pierre du couvent par Christine de France. La princesse s'avance, entre Mgr le coadjuteur de Grenoble et l'immortel évêque de Genève, vers le bord des fondations où elle va descendre ; un page tient respectueusement la queue de son manteau royal, et un ouvrier, plongé jusqu'à la ceinture dans la fosse, présente avec bonheur, à la fille d'Henri-le-Grand, *Père du peuple*, la première pierre du quatrième monastère de la Visitation. Derrière lui, un autre ouvrier est occupé à préparer, à l'aide d'une pioche, le lit qui va recevoir la pierre bénite, et près du travailleur, une pierre déposée sur le bord de la fouille porte cette inscription : *Benedixit ei in eodem loco*.

Cette fresque, où l'on compte dix personnages, ne manque ni d'exécution ni de grâce, et les traits de saint François de Sales ont été reproduits avec une grande fidélité. Les deux médaillons placés à chaque bout offrent à l'œil, l'un un portrait d'abbesse, l'autre des armes parlantes. Ces armes sont, à droite une écrevisse parvenue au sommet d'un quart de cercle qu'entoure cette devise : *Non celsius unquam*. Une lune dans son premier quartier, avec cette devise à l'entour : *Qualis quarta, talis tota*, correspond, à gauche, au triomphe de l'ambitieux crustacée. Ces deux devises sont évidemment chargées de relever la gloire de la quatrième fondation de l'ordre de la Visitation. Les traits des deux abbesses, fortement caractérisés, donnent lieu de penser que ces deux médaillons sont des portraits : il est très probable que l'un d'eux représente l'effigie de sainte Chantal.

Plongeons maintenant nos regards dans la demi-nuit qui enveloppe la première section de la voûte de la nef, et que l'oiseau de Minerve nous prête un instant ses yeux vainqueurs des ténèbres, pour que nous puissions déchiffrer, sans de trop lourdes bévues, les symboles religieux et les peintures sacrées qui sont étalés, avec une profusion si étourdissante, sur les courbes de ces quatre premiers pendentifs : n'oublions pas que chacun d'eux porte au centre un médaillon ou un octogone ayant son vis-à-vis ; les octogones suivent le sens de la longueur de la nef, et les médaillons se regardent dans le sens contraire ; tous s'appuient sur le dos de deux génies grandeur nature, lesquels, disposés en accolade, et terminés, à partir de la ceinture, en volutes de feuillage, volutes d'où s'échappe un flot d'arabesques qui plongent en diminuant dans l'aigu des pendentifs, portent également sur ces volutes entrelacées le tableau sacré ; chaque médaillon octogone est surmonté d'un magnifique vase décoré, le plus souvent, d'un chiffre, d'une armoirie ou d'un emblème. De cette façon, l'ornementation atteint la clé de la voûte et remplit entièrement tout le pendentif. Disons aussi que les génies portent tous à la main des attributs très significatifs et souvent fort ingénieux.

Voilà bien des choses à considérer à la fois, et nous craignons que cette seule énumération n'étourdisse nos auditeurs ou nos lecteurs. Pour éviter ce danger, qui nous menace nous-même, nous procéderons avec poids et mesure ; ainsi, après avoir décrit soit le médaillon, soit le cartouche, nous passerons immédiatement à son support, puis à son couronnement ; de cette manière nous éviterons la confusion qui naîtrait d'une revue rétrospective. Ce n'est pas tout ; il faut savoir par où nous commencerons notre exploration, et quelle marche nous suivrons. Rien de plus facile : le signe auguste de la Rédemption nous servira de guide et de point de repère ; et, portant nos regards vers l'octogone qui nous fait face, lequel représente le *Père*, nous les reporterons ensuite derrière nous pour décrire son vis-à-vis, qui sera le *Fils*; puis nous les tournerons vers le médaillon de gauche, comme pour invoquer le *Saint-Esprit*, et, les ramenant vers son pendant de droite, qui figurera l'*Amen*, nous nous livrerons à l'examen de ce dernier tableau, qui terminera de la sorte la description de la première section de la voûte. Nous emploierons la même méthode pour la seconde section de la voûte de la nef et pour les quatre pendentifs du chœur, et enfin, nous la suivrons une quatrième et dernière fois dans la chapelle de la Sainte-Vierge, où nous rappellerons quatre précieux médaillons que nous n'avons fait qu'entrevoir à la voûte.

Pour être dévot, notre procédé n'en sera pas moins clair et expéditif; il est, de plus, tout à fait en rapport avec le lieu où nous sommes, et il facilitera, en outre, les voies à ceux qui seraient tentés d'aller contrôler nos assertions, nos découvertes et nos appréciations artistiques; or, les contrôleurs ne manquent jamais, et chez nous, moins qu'ailleurs.

Conformément donc à notre donnée, fixons sans retard nos yeux sur le premier cartouche octogone de la première section de la voûte : il représente l'Annonciation, enfermée dans un cadre dont la plate-bande porte ces mots tracés en gros caractères : *Virtus Altissimi obumbrabit tibi*. Ce sujet est bien conçu, et une convenance parfaite y règne. La manière surtout dont la Sainte-Vierge se retourne vers l'Ange est très heureuse; il est impossible de mieux exprimer un étonnement mêlé de crainte. Les deux génies qui portent ce cartouche sont, évidemment, la Force et la Douceur; on reconnaît l'une à la peau de lion dont sa tête est coiffée et au vert rameau de chêne qu'elle tient dans sa main; l'autre est suffisamment désignée par l'agneau qu'elle serre dans son bras droit, par le rameau de figuier verdoyant qu'elle tient à la main droite, et par la couronne d'olivier, également de ton naturel, dont sa tête est ornée ; une coupe d'or remplie de rosaires, au milieu desquels un lys s'épanouit, surmonte ce cartouche ; on aperçoit aussi au fond de ce vase mystique un anneau, symbole des sacrées fiançailles, et de ses bords on voit pendre des chaînes. Une couronne de roses blanches, chargée de combler le vide depuis la coupe jusqu'à la clé de voûte, est suspendue sur cette corbeille de noces célestes.

Le second cartouche, d'après l'ordre dont nous sommes convenus, représente le mariage de la Sainte-Vierge avec Saint-Joseph. Trois figures seulement entrent dans cette composition : le grand-prêtre et les deux saints Époux qu'il unit. Il y a de la majesté et de la grandeur dans cette scène ; l'exergue du cartouche offre ces mots : *Hæc particeps tua,* bien touchantes paroles que bien peu d'époux recueillent dans leur cœur au moment de la bénédiction nuptiale ! « Voilà ta compagne ; voilà celle qui participera à » tes joies, à tes douleurs, à tes croyances !... » Et l'époux est bien résolu à vivre loin de Dieu, et à ne lui faire aucune part dans son ménage ; et l'épouse, ravie d'échapper à la tutelle d'une mère, se promet bien de briller dans le monde, d'y étaler ses cadeaux de noces, et de participer à toutes ses fêtes ! La Foi et le Zèle soutiennent ce second octogone, l'une, sans attribut dans les mains, se contente de montrer avec énergie le ciel de la main droite ; le Zèle, sous les traits d'une femme voilée, dont les poignets sont garnis d'ailes, semble voler à la recherche des âmes, sous la conduite d'un Ange qui la soutient ; une coupe d'or s'évase également avec grâce au-dessus de ce cartouche ; de petits Anges, d'une *désinvolture* un peu trop albanesque, qui, au besoin, s'appelleraient Amours, remplissent la coupe ou voltigent au-dessus d'elle, dans des attitudes infiniment gracieuses : il y a lieu de croire que cette angélique milice est occupée à fouler le vin qui fait *germer les vierges*. Ce qui confirmerait cette opinion, c'est cette couronne d'immortelles blanches, au feuillage vert, qui plane au-dessus d'eux, près de la clé de la voûte.

C'est au médaillon de gauche à présent qu'il faut porter notre attention. Nous sommes en présence du grand-prêtre Zacharie, qui est agenouillé au bas de l'autel des parfums. L'Ange du Seigneur vient d'apparaître subitement au saint vieillard, qui s'émeut et doute. Une porte entr'ouverte dans le sanctuaire montre l'intérieur de la maison du pontife ; on aperçoit sainte Élisabeth qui tourne son fuseau dans ses doigts ; une rangée de quenouilles meuble les murs de l'appartement où le Précurseur va naître : la femme forte engendrera un fils fort ; l'exergue porte : *Apparuit a dextris altaris* ; l'Étude, avec les attributs des beaux-arts dans les mains, et sa compagne l'Activité, soutiennent ce médaillon ; la première tient élevée de la main droite au-dessus de sa tête une palette chargée de couleurs et un faisceau de pinceaux, en même temps qu'elle présente un livre de la main gauche. Tous ces attributs sont peints d'un ton nature.

Comme on peut le voir, l'artiste décorateur ne s'est pas oublié et n'a pas perdu de vue l'honneur de sa profession : l'art semble l'emporter, dans sa pensée, sur la littérature, qui baisse ici pavillon devant la puissance de la palette.

Une autre singularité qui distingue ce génie, c'est qu'il a un petit oiseau d'un plumage éclatant, perché sur son dos. Que veut dire ce petit volatile si richement habillé et d'une allure si fringante? Est-ce un pinçon, emblème de la gaîté qui accompagne le travail et l'étude? Est-ce un oiseau moqueur chargé de reproduire les vices et les ridicules du siècle? Signifie-t-il l'Imagination aux brillantes couleurs, au prisme séduisant, l'Imagination qui a besoin d'air, d'espace, de changement et d'indépendance? Serait-ce, par hasard, la Critique qui s'abat, légère et folle, sur le dos de l'homme de génie, qui la dédaigne et n'y prend pas même garde? Ou bien enfin, simple rébus du nom d'un imitateur du célèbre Garofolo, ce gracieux sphynx, que nous n'avions pas découvert d'abord, et qui a mis tout-à-coup notre esprit à une si belle torture, n'est-il tout bonnement que la signature de l'artiste éminent qui a exécuté les fresques de cette chapelle, et, suivant cette hypothèse, aurions-nous saisi en passant le nom symbolisé du peintre qui a décoré ce saint lieu, le nom d'*Ucello*, de *L'Oiseau*, par hasard?

Passons au second support. L'Activité, une étoile sur le front et un petit soleil sur le cœur, présente un rameau fleuri et naturel à un essaim d'abeilles qui voltige à l'entour. On reconnaît l'heureuse image des saints labeurs auxquels se livre un monastère, travaillant depuis le matin jusqu'au soir, *a custodia matutina usquè ad noctem*, sous l'action vivifiante de la grâce, à la gloire de Dieu et l'édification du prochain. Ce poétique et riche emblème semble avoir été fourni à l'artiste par ces ravissantes paroles que le saint législateur de l'ordre de la Visitation adressait à la sainte mère de cet ordre, sainte Chantal, à l'occasion de l'établissement du monastère de Grenoble : « Je vous prie,
» ma chère Mère, de préparer doucement nos petites avettes
» pour faire une sortie au printemps, et venir travailler à
» une nouvelle ruche, pour laquelle le Seigneur prépare
» bien de la rosée. » (Tiré du vol. *des Fondations*, donné à l'institut de la Visitation, en 1696.)

Nous revenons à notre description. Le médaillon de saint Zacharie est orné au-dessus d'un vase pompeux, sur la panse duquel des armoiries sont peintes. Trois bandes rouges avec liseré blanc partagent horizontalement, et à distance égale, un champ d'azur; un croissant blanc et deux étoiles de même couleur, meublent successivement l'interstice laissée entre les bandes; une très riche couronne ducale ferme la bouche de ce vase, dont deux Hercules, armés de leur massue, forment les anses; ils sont assis sur la partie saillante inférieure du vase, et arc-boutent avec leur dos son cavé : d'une main ils s'appuient sur le haut de la panse, et de l'autre ils pèsent sur leur arme redoutable, qui porte sur l'enroulement de l'arabesque.

Nous passons au médaillon de droite, qui ne vous rappelle que trop, peut-être, l'ordre de notre marche, et qui vous arrache un *Amen*. Ce médaillon nous montre la scène de la Présentation de la Sainte-Vierge au Temple. La jeune Arche vivante du Seigneur ploie le genou sur la marche de l'autel, où le grand-prêtre incliné se dispose à la recevoir. L'encadrement a reçu ces mots : *Dominus possedit me;* la Chasteté et la Charité sont les supports pleins de convenance qui ont été affectés à ce médaillon; l'une, couronnée de lys et accompagnée d'un cygne, tient à la main un rameau d'olivier chargé de fruits; l'autre, la poitrine ornée d'une grenade entr'ouverte qui pend vers la terre, tient comme le drapeau de l'amour divin dans sa main, un cœur ! La grenade, qui est collée sur la mamelle de la Charité et qui est tournée vers le séjour d'amertume, ne figure-t-elle pas, ainsi posée, le pardon des injures, qui ne se pratique pas sans peine, mais qui produit dans le cœur une grande douceur ? Amère au dehors, la grenade est douce au dedans. Nous retrouvons aussi, au sommet de ce deuxième médailion, un autre vase d'une extrême élégance; l'artiste a représenté sur sa panse Adam et Ève après leur chute : certaine ceinture de feuillage l'indique. Les déplorables ancêtres du genre humain se tiennent debout tristement de chaque côté de l'arbre fatal, où le serpent est enroulé ; des palmes vertes, se renversant en dehors, forment les anses ; une épaisse couronne de lierre, couronne des saturnales et de l'orgie, repose sur la bouche du vase, et semble préconiser la source de toute licence et de toute ignoble volupté. Les palmes peuvent représenter l'orgueil de la vie dont parle l'Apôtre, et le vase tout entier semble n'être qu'un résumé dérisoire des satisfactions charnelles. Et à ce sujet, ne serait-ce pas par une autre dérision (l'oiseau moqueur nous revient à l'esprit) que l'artiste aurait donné ce vase pour pendant à celui qui porte en face les armoiries? N'aurait-il pas voulu montrer malignement à la noble maison dont il venait de peindre l'écusson, sa véritable origine, dans notre commun et lamentable berceau? Grave et railleuse leçon, dans tous les cas, qu'elle soit ou non volontaire, que ce rapprochement de la chute originelle avec la glorification de l'homme par l'homme!... Ce second vase semble dire au premier : « Que tes nobles maîtres ne prêtent pas l'oreille aux suggestions du serpent ; qu'ils ne se croient pas *des dieux* ; et s'ils ont la folie de se croire tels, qu'ils songent à la fange dont ils sont pétris et aux avilissements que le démon de la chair ne prépare que trop souvent aux puissants, aux dieux de ce monde ! »

Dépassons l'arcade qui divise, ainsi que nous l'avons mentionné, la nef en deux parties, et, muni du même point de repère, c'est-à-dire du signe de la Croix, commençons l'exploration de la deuxième section de la voûte. Le premier octogone nous offre l'Adoration des Mages, sujet traité avec une certaine bonhomie grandiose. Les génies de l'Immortalité et de la Religion soutiennent ce tableau, sur le cadre duquel se lisent ces paroles : *Vidimus stellam ejus et venimus adorare eum.*

Le premier de ces génies, une flamme sur le front et le bras appuyé sur un phénix, symbole de renaissance et de résurrection, semble narguer la destruction et la mort. Le second, appuyé sur une croix au-dessus de laquelle serpente et vient s'incliner une branche de la fleur mystique de la passion, qui part d'un arabesque supérieur, devait sans doute exprimer sur ses traits une imperturbable confiance.... Mais nous sommes obligé de lui prêter cette expression : la tête du génie n'existe plus ; elle a été emportée par je ne sais quel accident étrange. Bizarre destruction, en effet, puisque toutes les peintures de ces voûtes sont parfaitement intactes, et qu'elles ne portent, non plus que les fresques des murailles, altérées seulement par le temps, aucune trace des violences révolutionnaires. Une large blessure donc, faite en ce seul endroit à la voûte, en a enlevé la croûte de ciment, et laisse apercevoir, à la place qu'occupait la tête du génie, les matériaux dont cette voûte est construite, des briques couleur de sang !...

Nous allons passer au singulier pendant qui fait face à cet octogone, et nous ne pourrons nous empêcher de frémir en voyant comme la suite du drame terrible que le génie de la Religion décapité vient de rappeler à notre souvenir. Ces deux médaillons complèteront le drame, et nous conclurons à ce sujet. N'oublions pas de dire que le dessus de ce premier octogone de la deuxième section est meublé d'un riche vase ton grisaille, sur la panse duquel l'artiste a figuré un cœur couleur nature, percé de deux flèches formant la croix de Saint-André.

Nous voici enfin arrivé à ce deuxième octogone dont les génies, vrais prophètes, vont si fort nous étonner par les emblèmes pleins d'actualité qu'ils offriront à nos yeux. Cet octogone représente l'Adoration des bergers, composition d'une gracieuse simplicité et d'un faire habile. Vous lisez à l'entour du cadre : *Vidimus gloriam ejus gloriam quasi unigeniti à Deo*. Les deux génies qui portent cette incontestable glorification du peuple *en Notre Seigneur*, cet appel fait par Dieu même aux petits et aux humbles dans la personne des pasteurs, sont des messagers de l'avenir : on ne peut pas leur donner d'autre nom. L'un, répondant à ceux qui, d'une manière ou d'une autre, ont ébranlé les autels, laisse tomber successivement de sa main gauche deux couronnes princières sur la terre et montre sévèrement le ciel de la main droite ; l'autre, montrant aussi le ciel d'une main, tient de l'autre une tige de la fleur nommée *couronne impériale*.... Des flatteurs pourraient tirer de cette circonstance un bon parti ; nous nous contenterons de remarquer comme ailleurs, le doigt de Dieu, et nous poursuivons.

Les accessoires des deux médaillons mettront le sceau à la moralité qui palpite dans les deux sujets des deux octogones, et surtout dans les quatre génies qui les portent.

Disons pour achever la description de ce pendentif, qu'un vase également grisaille et d'une forme à peu près semblable à celui qui lui fait face, décore le pan supérieur de cet octogone. Une croix grecque orne sa panse, et sa bouche est fermée par une couronne de Saül..... *non eligo vos*, se représente immédiatement à votre pensée consternée, et, reportant instinctivement les yeux sur les deux couronnes que laisse échapper la main du génie, vous repassez dans votre souvenir les raisons qui ont fait crouler certains trônes !

Tournons nos regards à gauche et disons le sujet du médaillon. C'est le départ de la Sainte-Vierge, qui se met en route avec St Joseph pour aller visiter Ste Elisabeth. On lit autour du cercle du médaillon : *Abiit in montana cum festinatione.*

Quel héroïsme de charité ! quelle abnégation de la part de Marie dans l'état où elle est ! Voilà qui nous prêche merveilleusement l'amour des nôtres, l'amour de la famille, qui n'existe bientôt plus parmi nous, froids égoïstes qui ne songeons qu'à nos commodités et à nos plaisirs, et détruisons ainsi dans sa base même la société.

Les génies qui portent ce médaillon sont le Temps et la Providence. Celui-ci tient l'inévitable sablier dans sa main, celui-là un sceptre dont le fleuron est formé par un œil. L'un semble annoncer la décrépitude des empires et leur action passagère ; l'autre console l'âme épouvantée des désordres de la société, par le souvenir de cette immuable et inébranlable Puissance qui voit, embrasse et régit toute chose ! Le vase décorateur de ce médaillon est, comme ses compagnons, d'une extrême richesse ; sa couleur diffère de celle des deux autres ; il est bleu, et il porte dans son cavé le saint monogramme que nous avons signalé au-dessus de la *royale et belle porte* de la chapelle (1). Ce monogramme,

---

(1) Tout le monde connaît le monogramme dont les Jésuites signent leurs œuvres et marquent les objets qui appartiennent à leur Compagnie : un J, une H surmontée d'une croix et une S le composent. Quel mystère ! diront certains ignorants ou malveillants, donnant la main à une troisième espèce de détracteurs cumulant ensemble les deux qualités. — Que signifie cet hiéroglyphe ? Il y a quelque chose là-dessous....; C'est quelque signe de ralliement..., quelque mot d'ordre de la terrible milice ! — Eh oui, les *jésuitophobes* ne se trompent pas, il y a là un mystère, il y a là tout un corps de doctrine caché et voilé ; il y a là, en effet, un signe de ralliement, un mot d'ordre prononcé à l'oreille du cœur ; ce

qui indique la touche et la propriété des Jésuites partout où on le rencontre, rappelle ici l'une des plus grandes guerres que le philosophisme ait faite au catholicisme, guerre dirigée contre la plus puissante individualité religieuse qui fût jamais, et qu'on nomme la Compagnie de Jésus !

Ce vase bleu pourrait parfaitement représenter les intentions droites, pures et célestes de cette vigoureuse et intelligente phalange de l'Église militante. Il semble que cet harmonieux vers de Racine s'en échappe :

> Le jour n'est pas plus pur que le fond de mon cœur.

Un monceau de fruits clôt la bouche du vase : on dirait de la vertu et des bonnes œuvres qui viennent fermer la bouche aux calomniateurs.

Nous passons au médaillon de droite, qui nous montre l'arrivée de la Ste Vierge chez sa cousine Élisabeth, et, selon le sens mystique, la nécessité de contribuer à l'amé-

---

ce mot, c'est celui-ci : JESUS HOMINUM SALVATOR, *Jésus sauveur des hommes.* Et les Jésuites le gardent fidèlement, il est constamment présent à leur esprit, et chaque jour de la vie ils se répètent : JE SUIS JÉSUITE, IL FAUT QU'A L'EXEMPLE DU MAÎTRE JE SAUVE DES HOMMES ! ! ! Et M. de Ravignan le Jésuite, se conformant à ce mot d'ordre sublime, sauvait beaucoup d'hommes !

Ce qu'on sait moins peut-être, et que j'ai appris depuis peu, c'est l'ingénieuse interprétation du monogramme en question par un fils de Loyola, à qui l'on jetait probablement à la face les *vues ambitieuses de la Compagnie :* se rappelant subitement la fameuse réponse de l'étendard romain à l'orgueilleuse devise de l'étendard sabin, devise composée de quatre majuscules : *Sabinis populis quis resistet?* — R. *Senatus populusque romanus*, le Jésuite insulté dans son ordre répondit fièrement, en montrant le monogramme sacré, qu'il lut d'abord dans son sens, puis ensuite à rebours : JESUITI HABENT SATIS. — SI HABENT JESUM. « Les Jésuites ont assez, s'ils ont Jésus avec eux !

lioration de l'âme et à l'édification du prochain, ce à quoi ne s'occupent guère certains faux amis de l'humanité.

L'artiste, avec une convenance parfaite, qui a été le plus souvent oubliée par les peintres qui ont traité le même sujet, a fait tomber aux pieds de la Vierge sacrée qui est enceinte de Dieu, l'auguste vieille qui porte dans ses flancs St Jean-Baptiste. Les génies de la Vérité et de la Simplicité, l'un un miroir, l'autre une colombe à la main, se courbent sous ce médaillon. Vérité et simplicité, vertus de nos pères ! est-ce que ces génies ne seraient placés là que pour nous rappeler votre perte et pour nous montrer l'abîme que nous ont creusé une vaine science et une philosophie sceptique ? Le vase que ce médaillon supporte est également bleu ; un Saint-Esprit en orne la panse, et une couronne de comte termine son goulot et scelle son ouverture : un titre, un cordon, a toujours été un moyen de fermer certaines bouches ! Le symbolisme de ce vase ne demande pas une longue étude : qui ne reconnaît ici une des invocations des Litanies de la Ste-Vierge : *Vas insigne devotionis ?* Quant à nous, reportant à un sujet moins haut, mais bien important cependant, ces mêmes paroles, nous voudrions qu'on pût les appliquer à tous les dignitaires de l'État : que ne sont-ils en effet tous des *vases insignes de dévotion !* la machine gouvernementale n'en souffrirait, certes, aucun dommage..... Et à ceux que notre patriotique désir pourrait faire dédaigneusement sourire, nous rappellerons ce mot de la Sagesse des sagesses : *Pietas ad omnia utilis est.*

Nous avons promis une conclusion tirée de tout ce que nous venons de découvrir ; la voici : C'est que la seconde section de la voûte de la chapelle de Sainte-Marie convie *rois et peuples* à l'adoration du Sauveur, et montre aux uns et aux autres de qui la société relève. Véritable précis historique, on peut le dire, cette voûte nous remet sous les yeux toute notre histoire contemporaine. La guerre à la religion s'y trouve ; la chute des trônes y apparaît aussi, et le gouvernement de la Providence, jamais plus sensible que de nos jours, s'y montre et dans l'enchaînement incroyable de ces divers emblèmes, et dans ce *sceptre vaillant* (*verge veillante*, dit le prophète Daniel, IX, 14), régulateur du monde, dont l'œil incessamment ouvert compte les vertus et les crimes !

Nous voici parvenu, la tête sans cesse renversée en arrière, et abusant un peu trop de la noble faculté qui nous permet de contempler les astres, jusqu'aux marches du splendide sanctuaire...; les vertèbres de notre cou sont à demi luxées, et, menacé du vertige, qui a été le compagnon assidu de notre inspection horizontale, nous voyons avec bonheur cesser, pour quelque temps, notre martyre archéologique ; il ne nous est pas encore permis de franchir l'enceinte trois fois sainte, et les murailles du temple réclament, à leur tour, que nous les passions en revue. En arrière donc encore une fois ; replaçons-nous à notre premier point de départ, qui est la tribune de l'orgue, et jouissons enfin de la vue perpendiculaire des objets, après les avoir contemplés si longtemps à la renverse.

Je ne parlerai pas de l'honnête boiserie qui règne le long des murs de la nef, non plus que du banc prosaïque qui en dépend ; aucune sculpture n'en relève les lignes inflexibles ; ils n'ont tous deux, pour tout mérite, que leur beau ton cénobitique, qui rappelle la robe des enfants de St François, et communique une couleur chaude à cette partie de la chapelle. Cette boiserie est-elle contemporaine de la construction du monument ? J'en doute. En somme, il est peut-être heureux qu'elle soit si puritaine et si nue ; elle offre de la sorte un repos pour l'œil, qui a bien assez à faire avec le monde de fresques qui s'ouvre devant lui. Au-dessus de cette boiserie, l'art reprend immédiatement son empire.

Une suite de plaques de marbre blanc, serties de larges platebandes gris-bleu, imitant le bleu turquin, portent des guirlandes de fruits qui se développent avec pompe. Des pilastres simulés appuyent ces plaques ; ils servent de supports à un très riche entablement de même nature, meublé, de distance en distance, de petits médaillons couleur or, soutenus par des Anges. Ces derniers, à l'instar des génies des voûtes, n'ont d'apparent que la moitié supérieure du corps ; ils se fondent, à partir des hanches, en longs enroulements de style romain. Des portraits de fondateurs d'ordres remplissent les médaillons. Deux portraits de papes, d'une plus grande dimension, décorent les véritables pilastres, sur lesquels s'asseyent les retombées de l'arcade de la nef : l'un d'eux est celui de St Grégoire ; on reconnaît l'immortel Pontife à la colombe qui lui parle à l'oreille, et qui est son attribut particulier.

L'entablement que je viens de désigner porte lui-même un cénotaphe très orné, qui est soutenu des deux côtés par un génie, grandeur nature, dont la partie supérieure du corps est entée sur un culot de feuillage ; culot qui se termine en brusque volute. Ce cénotaphe, meublé d'un large octogone fond or, monte jusque sous la courbe des tympans, qu'il remplit majestueusement. Cette symétrie d'ornementation, entière et complète dans le second tympan, est malheureusement détruite dans le premier, à cause de la saillie de la tribune de l'orgue et de la porte qui conduit à celle-ci : la porte en question est percée là où devrait se trouver le premier génie, et le cénotaphe n'a qu'un seul gardien, espèce d'âme fidèle qui vient pleurer sur la tombe d'un grand, l'abandon et l'isolement de cette tombe ! Ce génie solitaire s'appuie de la main droite, main armée d'un compas, sur le mausolée antique, et tient de la gauche une mappemonde. Vous diriez voir un conquérant qui s'occupe, la veille de sa mort, à mesurer sur la carte l'étendue de son vaste empire....; ou bien encore, un de ces savants profonds qui sondent ciel et terre et interrogent toute chose, sans s'inquiéter d'où ils viennent et où ils vont.

L'octogone représente le Christ en croix, entre la Sainte-Vierge et St Jean ; les saintes femmes sont agenouillées au pied du gibet sacré ; ces paroles poignantes sont tracées sur les pans du cadre : *In loco ubi crucifixus est, hortus ;* paroles qui peuvent s'interpréter, il nous semble, d'une double manière, et qui contiennent un amer reproche pour les mondains, et une consolation pour les âmes pénitentes.

Et n'est-ce pas, en effet, dans des jardins remplis de fleurs, dans des fêtes, dans des festins, que le Christ est le plus souvent crucifié ? Et n'est-ce pas aussi dans ces saintes maisons de pénitence qu'on nomme la Trappe et la Chartreuse, que l'amante du cantique d'amour trouve ce jardin de l'âme, ces saintes délices que recouvrent les austérités du cloître ?

Le cénotaphe du second tympan est occupé par un sujet important, renfermé également dans un octogone; c'est celui de la Pentecôte : il comporte treize figures. Malheureusement cette fresque, comme toutes celles de la muraille de gauche (celles du mur de droite, dont nous allons nous occuper, ont encore été plus maltraitées), ont beaucoup souffert des ravages du temps ; car il ne faut pas attribuer à d'autres ravageurs trop célèbres, nous nous plaisons à le répéter pour la gloire de Grenoble, ces désolantes avaries, et la main impie de 93 ne s'est point appesantie sur le sanctuaire, préservé par un miracle manifeste des atteintes des pères du socialisme. — Continuons :

Ces mots se lisent dans la platebande supérieure du cadre, comme un avertissement capital : *Fructus spiritûs est charitas*. A qui le sens de ses paroles échappe-t-il ? Qui n'y voit renfermée implicitement la condamnation de ces œuvres malheureuses, littéraires ou autres, qui faussent les esprits, corrompent les cœurs et détruisent *la charité* dans les âmes ? Quel développement l'on pourrait donner à cette pensée, et combien d'œuvres mortes après cela, procréées cependant par de brillantes intelligences, viennent se représenter à l'esprit !

Les génies qui forment supports à ce second cénotaphe, tiennent des attributs fort singuliers : celui de gauche tient une mèche allumée à la main, et celui de droite, un long porte-voix, accompagné, à sa partie supérieure, d'une chaîne qui lance, en quelque sorte, au ciel un cœur enflammé, traduction ingénieuse de ces paroles de l'Écriture : *Vox dicentium confitemini Domino, et portantium vota in domum Domini* (Jérémie, CXXXIII, v. 11). La mission apostolique est renfermée dans cet emblème ; et la mèche allumée que tient l'autre génie est comme l'expression du vœu du Christ : *Ignem veni mittere in terram, et quid volo nisi ut accendatur* (St Luc, CXII, v. 49).

Le mur de droite, auquel nous passons, ne fournit pas une si riche ni si régulière ornementation. Une fenêtre percée dans le premier tympan, proche de la tribune de l'orgue, prend la place du cénotaphe. Quant au second tympan, il est tronqué par l'arcade de la chapelle de la Ste-Vierge qui s'ouvre au-dessous ; nous retrouvons là la même manière de cénotaphe, les mêmes génies, sauf les attributs, et un tableau octogone obligé ; celui-ci vous offre un groupe de Visitandines agenouillées au pied d'un arbre qui porte sa cime jusque dans le ciel ; des nuages environnent la tête de l'arbre, et portent les figures de la Ste-Vierge et de St François de Sales, qui contemplent avec bienveillance les saintes filles de la Visitation. Trois pans du cadre de l'octogone ont reçu ces mots : *Visitatio tua custodit spiritum meum*. Ne pourrait-on pas ajouter : « Votre Visitation a gardé ce lieu saint, et c'est à l'ombre de vos ailes qu'il a échappé à la tempête. » Les deux génies qui sont accolés à ce cénotaphe portent, l'un un tourne-sol, l'autre un cadran solaire ; double emblème qui se fond dans une seule pensée : le constant emploi du temps au service béni du Seigneur.

Nous voici revenu définitivement au seuil du redoutable sanctuaire, dont le pompeux retable d'or, transpercé, pour ainsi dire, par la flamme de pourpre qui jaillit du rideau rouge de la fenêtre du chœur, reluit comme une gigantesque escarboucle.

Notre tâche avance, et cependant nous n'avons pas dit la moitié des trésors d'art et d'archéologie que renferme ce petit, mais si important vaisseau. Ce sanctuaire est à lui seul une mine inépuisable où sont concentrées toutes sortes de magnificences : sculptures, dorures, peintures, marbres précieux, rien n'a été épargné pour glorifier le tabernacle du Dieu vivant, relever la sainteté du glorieux fondateur de ce saint asile, et proclamer la foi reconnaissante du haut et puissant protecteur acquis au couvent de Ste-Marie par la douceur angélique de St François de Sales ; car il est temps de le dire : ce retable royal qui monte là devant vos yeux jusqu'à la clé de la voûte, et remplit ce sanctuaire d'une vaste image de charité, ce retable, espèce de trône de Salomon, tout empreint d'orientalisme, aurait été, s'il faut en croire la chronique populaire, offert à Dieu et à St François de Sales par le très éminent seigneur duc de Lesdiguières, en mémoire de la béatification du grand évêque aux pieds duquel le terrible guerrier avait fait abjuration.

Oui, c'est à cet homme de fer dont Henri IV disait : « Qu'il ne voudrait céder qu'à lui seul le titre de pre- » mier capitaine de l'Europe ; » c'est à ce farouche connétable, bienfaiteur, quoi qu'on en dise, de cette contrée ; c'est à cette vaillante épée, si enviée au Béarnais par la reine Élisabeth ; c'est à ce grand capitaine qui a assaini ce pays par un ouvrage digne des Romains, et que nous appellerons le *dompteur du Drac*, que ce couvent de la Visitation devrait, d'après une version populaire, ce beau fond de sanctuaire qui cause à notre âme un si religieux effroi.

Dans tous les cas, c'est au petit-fils de ce foudre de guerre, c'est à François de Créqui, duc de Lesdiguières, que ce majestueux retable, qui compterait alors deux donateurs illustres, doit son éblouissant vêtement ; et ce fut pour la canonisation de St François de Sales que ce dernier Lesdiguières, tout mal qu'il était alors dans ses affaires, fit dorer cette vaste sculpture, qui témoigne à jamais de la piété de cet autre favori de Mars.

Nous n'avons pas encore achevé de dire tous les souvenirs historiques qui se rapportent à ce chœur, unique en son genre peut-être en France ; il convient de raconter ce qui s'est passé un jour derrière cette grille voilée de noir, qui remplit l'arcade de gauche, et à travers laquelle brille, comme un phare céleste et une pensée d'immortalité par delà le tombeau, la lampe du chœur des Ursulines.

Là, sur une pierre qui touche à la clôture sacrée, et que nous décrirons plus tard, Ste Frémiot de Chantal, tombée tout-à-coup en extase, entendit une voix partie du ciel murmurer à son oreille ces mots, dont Dieu ne permit pas qu'elle comprît de suite toute la portée : « Il n'est plus ! » — « Non, il ne vit plus ! » s'écria-t-elle au même moment, se trompant, ou plutôt voulant se tromper sur le sens de ces trop significatives paroles ; « Non, il ne vit plus ; mais » vous êtes et vous vivez en lui, ô mon Dieu ! par une trans- » formation parfaite (1). » — Le ciel, toutefois, venait d'apprendre à la supérieure générale, nous pourrions dire à la fondatrice de l'ordre de la Visitation, que le bien-aimé et très-cher Père spirituel de son ordre venait d'entrer dans la joie du Seigneur.

Nous allons retomber dans le matériel du poème ; et, reprenant notre style de catalogue, nous rendrons compte de l'abord du chœur et du riche mobilier qu'il possède.

Élevé de quatre marches au-dessus du sol, et encadré dans une large arcade plein cintre ornemanisée dans le même style que les voutes de la nef, ce chœur a toute la majesté désirable ; il y a dans son aspect un rappel de l'*Attollite portas et introibit Rex gloriæ*. Une riche balustrade bronze et or, cintrée à la demande des marches, qui forment une courbe très accentuée, l'enclôt d'un réseau d'arabesques de fort bon goût. Cette balustrade, qui provient aussi de l'ancien couvent des dames Ursulines, est moderne, et sa magnificence est trompeuse et superficielle : elle est en fonte peinte et dorée : nous n'en sommes plus aux *vérités vraies* de l'art et de l'opulence. Cette balustrade,

---

(1) Tirée de la Vie de Ste Chantal, par le P. Fischet.

néanmoins, s'harmonise très convenablement avec l'ensemble de la décoration du chœur, et la ligne courbe qu'elle décrit fait d'autant plus valoir la franchise du cintre de l'arcade ; le bandeau et les jambages de celle-ci sont ornemanisés avec une entente parfaite et une simplicité émouvante ; une chaîne d'ovales et de rosaces d'or alternés, les premiers sont meublés d'un cœur sanglant au milieu, court le long de la platebande de l'arc ; les cœurs portent les saints noms de JÉSUS et de MARIE peints en blanc sur leur face, et un méandre feuillagé, de même couleur, enserre dans ses replis, qu'un fond gris-perlé fait ressortir, les ovales et les rosaces. Cette monotonie de décoration convient parfaitement à cette partie de l'édifice ; elle calme l'effet un peu étourdissant du sanctuaire, et forme au Saint des saints un accompagnement de la plus haute poésie. Tous ces cœurs élancés sur cette courbe semblent converger vers le souverain bien, vers Dieu, et paraissent s'élancer, au sortir du séjour de misère, dans le sein de l'éternelle félicité.

Nous ne pourrions donc qu'applaudir à l'encadrement du sanctuaire, sans cette fâcheuse tribune à balustres, que le peintre, dans une inspiration malheureuse, a figurée au sommet de l'arcade, et à travers laquelle on voit percer l'azur d'un ciel andaloux. Cette défaillance de la ligne, dans l'endroit même où il était si important de n'en pas violer la pureté, l'ornementation prétentieuse de cette tribune, d'où s'échappe, on ne sait pourquoi, une draperie rouge frangée d'or, tourmentent l'œil autant que l'âme, et à cette vue, oubliant un moment le lieu où vous êtes, vous avez recours, pour vous soulager, à cette désopilante boutade d'Alceste :

> La peste de la chute, empoisonneur, au diable !
> En eusses-tu fait une......

La charité nous ferme la bouche et la dignité du lieu où nous sommes nous empêchent d'achever la citation.

Encore un mot cependant au sujet du contre-sens artistique que nous venons de signaler, car il nous irrite, et nous avons besoin de le flageller tout-à-fait : Une voix sortie de cette tribune, ou pour mieux dire, de ce balcon de *villa*, semble laisser tomber du haut de la voûte, en retour de l'invitation sacrée, ces paroles qui répondent assez bien à celles de l'Évangile : « Il faut que j'aille aujourd'hui à ma » maison de campagne, pour y élever un belvédère et y » surveiller la plantation de nouveaux bosquets ; » on prête encore l'oreille, et l'on croit entendre résonner quelque gai *boléro* sur les cordes d'une mandoline.

Pour compléter cette décoration théâtrale et creuse, deux grands génies bélâtres, le dos nonchalamment appuyé sur la retombée du plat de l'arc, développent avec afféterie une colossale guirlande de fruits d'or échappée de deux S qui flanquent de chaque côté le ridicule balcon que nous venons de décrire. Ces génies, dont l'extrémité du corps se transforme en une succession de volutes feuillagées, ont l'air de comparses fatigués qui soutiennent, en rechignant, les guirlandes de roses dont, à l'ordre d'Armide, ils vont enlacer *Renaud endormi* : nous avons ici devant les yeux le système grossier et outrecuidant de *l'art pour l'art !*

C'en est fait, il faut aborder la redoutable description du chœur et spécifier ses merveilles.

Je monte les quatre marches de ce trône devant qui toute tête doit se courber, et, doublement autorisé par Mme la Supérieure et par M. l'Aumônier, je pousse devant moi, en fléchissant le genou, la porte de la balustrade, et je franchis, pour ainsi dire, la frontière de la vie éternelle :

la voûte, le retable, les marbres de l'autel et de ses gradins se disputent mes regards, qui errent curieusement de tous côtés. Mais la sainte obscurité qui enveloppe le sanctuaire fait apparaître ces objets d'une manière vague et douteuse, et un *fiat lux* est nécessaire : c'est moi, pauvre vermisseau, qui vais l'opérer. J'approche à pas discrets de la fenêtre du chœur dont la pourpre embrasée produit un effet si magique, j'écarte ce rideau de feu, et j'arrache à l'enceinte sacrée la poésie infinie qui y régnait tout-à-l'heure. C'est alors que, étonné de ce que j'ai osé faire, et troublé par la proximité de cet auguste tabernacle que je viens de dévoiler, j'hésite à poursuivre mon audacieuse investigation... En même temps, des ruines précieuses, de sublimes débris sur lesquels j'ai vu la ronce pousser et les reptiles se traîner, me reviennent à la pensée, et je me demande ce que valent ces trésors de l'art que la rouille peut atteindre, que les vers viennent attaquer, que les voleurs ravissent, et qu'une rébellion d'un jour pulvérise et anéantit...; alors, m'adressant à ces trésors : « Magnificence périssable, vaux-tu la peine que j'aille à ta recherche, que j'exalte tes mérites, que je m'arrête avec complaisance à tes perfections caduques ? » — Puis, songeant à la divine mission des arts, au bien incalculable qu'ils peuvent faire, au secours dont ils sont pour notre foi languissante, à l'honneur qu'ils rendent à Dieu qui les approuva et les bénit dans la personne de Béséléel, je sors de mon abattement passager, et je reprends goût à ma mission d'artiste et d'archéologue, qui m'apparaît revêtue d'une sainte importance. Arrière donc mes opprimants souvenirs de ruine et les décourageantes pensées qu'ils m'ont fait naître ! je suis en présence de l'action vivifiante et sublime de l'art ; j'assiste à son triomphe, et je m'écrie : « Honneur aux hommes privilégiés qui agrandissent le culte par les saints prestiges de leur ciseau ou de leur palette ; respect pour les productions du génie, n'importe où elles se trouvent, mais plus particulièrement encore lorsqu'elles sont mises au service du Seigneur, et décorent son saint temple ; soins incessants, soins minutieux pour conserver, restaurer ou décrire les chefs-d'œuvre de l'art catholique, ce grand auxiliaire de Dieu !

Je m'attendais à décrire de suite les voûtes du sanctuaire ; mais voilà que le jour que je viens d'y introduire m'a révélé l'existence d'un chef-d'œuvre que je n'avais fait qu'entrevoir de la nef, d'où il paraît à peine. Ce chef-d'œuvre est une chaire qui occupait d'abord l'angle droit de la nef, près de la table de communion, dont elle gênait l'accès, et qui, introduite dernièrement dans le chœur, y a été scellée contre le montant de l'arcade, qui la masque presque entièrement.

Dégageons bien vite à ce sujet la responsabilité de M. l'Aumônier, qui n'a pas été maître d'agir autrement, et qui a gémi tout le premier du quasi-ensevelissement de cet admirable morceau de sculpture. — Que faire pour l'empêcher ? N'était-il pas convenable et de dégager les abords de la sainte table, et de placer la chaire de façon à ce que le prédicateur pût s'adresser directement à la sainte communauté, placée auparavant en dehors de son action oratoire ? Toutes ces raisons militaient victorieusement en faveur du parti que l'on a pris, et condamnaient le chef-d'œuvre au séquestre.... Gémissons sur cette triste nécessité, et notre bill d'indemnité une fois accordé à M. l'Aumônier des Ursulines, qui est aussi vivement contrarié que nous de l'effacement de ce trésor, disons quelle est l'harmonie de cette chaire modèle, si toutefois l'on peut décrire l'harmonie.

Or, nous renonçons complètement à ce tour de force, et nous nous contenterons de décrire pièce à pièce (nous aurons aussi besoin, à cette occasion, du même bill d'indemnité que nous venons d'octroyer) les beautés de ce chef-d'œuvre, n'oubliant, nous vous en prévenons, ni la plus petite doucine, ni les moindres méandres, ni le plus petit cavé. Que voulez-vous? cette chaire est si belle, il faut tâcher de la portraiter.

Commençons par son incomparable embase, qui est formée de feuilles d'acanthe recourbées, lesquelles alternent avec des culots en haut bossage. Cette espèce de chou, terminé par un élégant pendentif évidé en forme de toupie, que d'élégantes palmettes découpent, sert de support à l'épanouissement de six consoles produites par les corps de six Séraphins : ces figures, empreintes d'un haut style, sont traitées avec ampleur et finesse de ciseau tout à la fois. Les ailes de ces esprits bienheureux, ramenées en croix devant leur poitrine avec nerf, peignent l'adoration la plus profonde. C'est sur ces six têtes séraphiques d'une beauté grandiose, et qui semblent s'incliner pour chanter l'éternel *trisagium*, que porte l'opulente et large embase de la tribune : celle-ci est de forme pentagone. — Revenons à l'embase. Elle est composée d'un large boudin auquel fait suite un cavé plus large encore, et d'un beau cintre. Ce boudin et ce cavé sont tout brodés de sculptures du meilleur goût; celles qui ornent le boudin, mâles et vigoureuses, contrastent habilement avec celles du cavé, dont la délicatesse relative conserve néanmoins de la force : rien de plus parfait ne peut s'imaginer en ce genre ; une doucine nue, au-dessus de laquelle saille un quart de rond meublé de pétales inclinées qui alternent avec des culots ou jasmins, couronne et complète cette magnifique embase.

Nous avons atteint le corps de la tribune, parlons de ses cinq panneaux sculptés. Chacun d'eux représente un saint religieux de l'ordre de St Dominique. Le glorieux fondateur des Frères-prêcheurs occupe le panneau du milieu ; il tient un lis dans la main, et à ses pieds est couché un chien qui tient en travers dans sa gueule un flambeau ardent : nous avons là sous les yeux le songe qu'eut la mère de ce grand saint, alors qu'elle portait dans ses flancs ce vainqueur de l'hérésie, dont l'aboiement sublime mettait en fuite le loup infernal. Le premier panneau qui accompagne, à droite, St Dominique, montre un autre religieux terrassant le démon avec une épée flamboyante ; le second, dans la même direction, représente un autre Dominicain tenant dans sa main, avec respect, un St-Sacrement forme antique (1) ; les deux panneaux de gauche sont occupés par deux autres moines. Le premier de ces religieux, le crâne entamé par un couperet qui s'y enfonce perpendiculairement, et qui désigne le genre de martyre souffert par ce glorieux enfant de St Dominique, tient une palme dans sa main ; le deuxième panneau offre un moine dans une attitude d'orateur ; il appuye une main sur son cœur, et de l'autre montre le ciel du doigt. Ces cinq figures sont renfermées dans d'élégants ovales, encadrés eux-mêmes dans des palmes qui se croisent en dessus et en dessous. Ces figures ne laissent rien à désirer sous le rapport de l'exécution, et il est difficile d'atteindre à plus de vie et d'expression : c'est presque du Ghiberti ; je ne crois pas que l'art puisse s'éle-

---

(1) Cet attribut désigne évidemment le chantre inspiré du St-Sacrement, le *Docteur angélique* St Thomas d'Aquin, l'une des plus prodigieuses intelligences qui aient illustré l'Église, et à laquelle revient cet éloge si banalement employé, le plus souvent, et qui ne convient peut-être qu'à ce grand génie : *un puits de science.*

ver plus haut que dans les deux panneaux qui représentent un religieux triomphant du diable, et un Dominicain annonçant la parole de Dieu. Les angles du pentagone que forme la tribune, sont habilement noyés dans une longue guirlande composée de bouquets de feuilles de chêne et d'olivier alternés et allant en décroissant : la force, alliée à la douceur, voilà tout le secret de l'éloquence sacrée, et le *suaviter et fortiter* des livres saints a été heureusement rappelé par l'artiste, au moyen de cette ornementation pleine de force et d'élégance. Le carré qui vient au-dessus des panneaux, et qui soutient la corniche ou l'appuie-main de la tribune, est formé d'une série de feuilles d'acanthe alternées avec des spatules ornemanisées ; le boudin enfin qui longe la corniche porte, brodées en haut bossage, ces mêmes pétales inclinées qui se voient à l'embase.

Passons au dossier, formé d'un panneau svelte et étroit. Une magnifique corbeille de fleurs d'où se dresse fièrement une tige d'impériale scrupuleusement étudiée, et qui est du Wanspaendonek en sculpture, en occupe le centre ; au-dessus, dans un panneau transversal, deux palmes ornées de bandelettes se croisent et se renversent ; deux admirables guirlandes de fleurs, du travail le plus exquis, accompagnent le dossier, et vont se rattacher à deux volutes d'acanthe découpées à jour, qui sont leur point de départ. Ces volutes servent de support à l'abat-voix, dont la plaque, également pentagone, est meublée d'une Gloire entourant le saint nom de Jésus. Un cœur enflammé, dont la blessure entr'ouverte laisse échapper une goutte de sang prête à tomber, sublime emblème de la rosée céleste (1), supporte le saint

---

(1) Heureux rappel d'un passage d'une des strophes de l'incomparable hymne *Adorate supplex :*

monogramme qu'un soleil aux rayons alternativement droits et ondulés, embrasse. Toute cette sculpture, ainsi que celle du dossier, des panneaux de la tribune, de l'embase et du pendentif, s'enlève sur un fond guilloché qui fait merveilleusement ressortir le poli de certaines moulures laissées nues et lisses, afin de donner du repos à l'œil et d'éviter l'effet confus qu'aurait pu produire, sans cette précaution, cet amas de sculptures. Le bandeau de l'abat-voix, qui se termine extérieurement en baldaquin, est, à lui seul, un tour de force, comme variété de moulures et de sculptures. Il est prodigieux d'avoir pu faire entrer, sans papillotage, une telle quantité d'ornements dans un si étroit espace. Ce bandeau n'a pas plus de trente centimètres de large, et comprend cependant : 1° un boudin ornemanisé ; 2° une doucine ; 3ᶜ un carré morcelé en une infinité de petites denticules ; 4ᵉ un cavé ; 5° une moulure dite talon renversé, découpée d'un double rang d'arabesques jouant la dentelle ; 6° un autre cavé creusé à l'extrême bord, et allégissant en dernier ressort ce dais de noyer étendu sur la tête du prédicateur, qu'il glorifie en quelque sorte et divinise. Six vases largement sculptés, d'un beau galbe, et du sein desquels jaillissent des flammes d'une souplesse et d'un mouvement remarquables, accusent les angles du pentagone et lui donnent la majesté d'un diadème. Il faut bien se garder de confondre ces urnes pleines d'élégance et si dignes d'être les réceptacles du feu sacré, avec certaines banalités de ce genre qu'on voit quelquefois figurer au sommet de pieux

---

Cujus una stilla salvum facere
Totum quit ab omni mundum scelere.

Cœur sacré, une seule goutte de sang échappée de ta blessure peut effacer tous les péchés du monde.

monuments, et qui offusquent les regards des gens de goût. Répétons encore, en finissant la description de cette merveilleuse chaire, dont le ton brun et vigoureux en outre, charme la vue, le mot que nous avons dit à propos des guirlandes de chêne et d'olivier qui adoucissent les arêtes de la tribune : *suaviter et fortiter*. Voilà, avons-nous dit, quel doit être le caractère de l'éloquence sacerdotale ; et nous disons encore, voilà le secret de la beauté de l'œuvre d'art si magnifique que nous venons de tâcher de reproduire avec la parole : *Suavité et vigueur*, voilà le suprême mot d'ordre qui a conduit le crayon de l'habile architecte qui a donné le plan de cette tribune sainte, qu'il est si désolant de voir placée ainsi en retraite et dans l'ombre ! Suavité et vigueur, voilà l'avis qui est gravé de toutes parts dans l'œuvre de la création ; c'est le dernier mot de l'art, c'est la condition *sine quâ non* de toute œuvre qui prétend vivre et remuer l'esprit ou le cœur !

Nous allons maintenant payer la jouissance que nous avons éprouvée à contempler et à analyser ce chef-d'œuvre, et il va falloir expier, par une nouvelle torture, l'indéracinable concupiscence de nos yeux et notre avidité de belles lignes. La voûte du chœur se chargera de nous punir de notre sensualité, et la voilà qui harponne à son tour notre prunelle et renverse notre cou entre nos deux épaules.

Divisée, comme les deux sections de la voûte de la nef, en quatre compartiments ou pendentifs, cette voûte reproduit le même mode d'ornementation, la même richesse d'arabesques et le même nombre de tableaux ; seulement, les quatre cartouches qui la meublent diffèrent de forme et de disposition ; ainsi, les deux octogones sont remplacés ici par deux médaillons, et deux carrés aux angles obtus et profondément échancrés, prennent, à gauche et à droite, la place des médaillons. Ce changement est commandé par le rétrécissement de la voûte du chœur, qui est d'un tiers moins large que la voûte de la nef. L'ornementation des bordures a aussi changé d'aspect ; ce ne sont plus des palmettes mêlées à des feuillages qui encadrent les tableaux, mais un riche méandre qui embrasse dans ses replis grisâtres une série de rosaces d'or.

La même méthode va nous guider dans l'examen de ces quatre tableaux, et pour la troisième fois, nous basant sur le signe sacré de la rédemption, nous portons nos yeux vers le plus éloigné des médaillons qui forme, d'après notre système, le sommet de la croix, et se renverse, du côté de l'autel, sur la courbe du pendentif. Ce médaillon a particulièrement souffert, et c'est avec difficulté qu'on y découvre la mort de St Joseph expirant sur son humble couche, entre les bras de Jésus et de Marie, le premier trépas que le Christ ait sanctifié et consolé par sa présence ! Les paroles du divin agonisant du Calvaire s'enroulent autour du cadre : *In manus tuas commendo spiritum meum*. Le mot de *Domine*, qui est retranché ici, donne quelque chose de plus touchant à ces paroles, qui deviennent comme l'expression de la pensée du Père nourricier de Notre Seigneur : ce n'est pas à son Maître, en quelque sorte, c'est à son Fils qu'il s'adresse, et son titre de Père l'autorise à parler familièrement et cœur à cœur à son Dieu.

Les deux génies qui forment accompagnement à ce médaillon ne se terminent pas, comme ceux des voûtes de la nef, en larges enroulements ; ils posent en pied et sont inclinés des deux côtés du cartouche, comme s'ils volaient ; l'un porte une corne d'abondance renversée, d'où s'échappent des fruits, symbole de la moisson céleste ; l'autre tient à la main le canon d'une espèce de fusée, dont la longue baguette d'or descend à ses pieds. Cet emblème, d'un goût un peu hasardé, pourrait passer pour une épigramme ; il rappelle certaines piétés peu solides, certaines conversions boiteuses qui brillent un instant, et s'éteignent aussitôt. Le vase qui est assis sur ce médaillon ne porte aucun emblème sur sa panse ; il est ceint seulement d'une couronne de douze étoiles, en mémoire de la vision apocalyptique.

Nous ramenons notre regard au-dessus de nous, et nous rencontrons dans le médaillon correspondant l'Enfant Jésus enseignant les docteurs ; on lit autour de ce triomphe de de l'âme pure sur les habiletés de la science, ces paroles qu'on a pu lire parfois sur certains visages d'hommes devant la réponse candide d'un enfant : *Et videntes admirati sunt*. Les deux génies accolés à ce médaillon sont aussi représentés en totalité. Le premier balance dans ses mains un encensoir ; le second tient dans sa main droite une équerre dont l'angle supérieur est occupé par un œil, et sa main gauche est armée d'une règle d'or : l'égalité devant Dieu, la loi évangélique, règle souveraine de la société, voilà la traduction de ces emblèmes. Le vase qui pointe au-dessus de ce second médaillon est d'une ornementation toute mystique : une pleine lune décore sa panse ; ses anses sont formées d'un double rang de grosses perles, et son goulot est ceint d'un diadème de pierreries formant auréole : *pulchra ut luna*, est ainsi rappelé d'une part, et le *ponam capiti ejus coronam de lapide pretioso*, d'une autre ; les perles représentent les perfections de l'âme de la Reine du ciel. Les arabesques qui retombent dans le fichu du pendentif, ne sont plus fournies ici, ainsi que nous l'avons dit, par la dégénérescence de la partie inférieure du corps du génie ; ces arabesques prennent naissance sous les ailes d'une tête d'ange qui porte le médaillon.

C'est du cartouche de gauche qu'il faut nous occuper maintenant. Nous avons précisé sa forme, qui est celle d'un parallélogramme tronqué et échancré aux quatre angles ; nous n'avons plus qu'à désigner le sujet qui y est traité : c'est celui de la présentation de Notre Seigneur au Temple.

Le saint vieillard Siméon reçoit le divin Enfant des mains de la Ste-Vierge, à qui il prophétise le glaive de douleur dont elle sera percée au Calvaire. Ces paroles circulent dans les pans du cartouche : *Parasti ante faciem omnium populorum lumen*. Hélas ! cette lumière bénie a presque disparu parmi les nations de la vieille Europe, et quelques voix suppliantes, auxquelles le génie humain répond par un rire sardonique, s'écrient au milieu du tourbillon de luxe qui nous entraîne : *Illuminare his qui in tenebris et in umbra mortis sedent*. Les génies qui font accompagnement à ce cartouche sont assis dans les échancrures des deux angles supérieurs ; les attributs et le sexe qui leur sont affectés les font de suite reconnaître : ce sont deux femmes ; l'une, appuyée d'une main sur une croix, tient dans l'autre un calice renversé, dont elle semble répandre la vivifiante rosée sur la terre : nous avons nommé la Foi ; l'autre, allaitant un petit enfant, prête son épaule pour appui à un nourrisson plus âgé : nous avons salué la Charité, cette véritable mère du progrès, cette sincère bienfaitrice de l'humanité, ce contre-poids céleste des concupiscences du siècle. Le vase de ce cartouche a sa panse remplie par un large phénix s'élançant, ailes déployées, du milieu d'un bûcher ardent. Emblème manifeste de la résurrection des corps, ce phénix n'est-il pas là aussi pour nous dire autre chose ? Ne semble-t-il pas qu'il annonce la résurrection du couvent de Ste-Marie-d'en-Haut, résurrection qui vient de s'accomplir ?

La couronne du vase en question est aussi formée avec des étoiles, et, chose singulière, au lieu d'en compter ici douze, comme dans celle que nous avons signalée au-dessus du vase qui culmine sur la mort de St Joseph, nous en comptons treize. — Pourquoi cette reproduction si rapprochée d'une couronne d'étoiles, quand l'artiste décorateur a fait preuve, jusqu'ici, d'une imagination si riche et si variée ? Est-ce à dessein qu'il s'est répété, et aurait-il voulu, par hasard, représenter le nombre des maisons de la Visitation existantes à l'époque de la décoration de cette chapelle ? Nous ne pouvons expliquer autrement ce *bis in idem* à si peu de distance.

Avant de quitter ce cartouche pour passer à son vis-à-vis de droite, nous signalerons une dérogation de l'ornementation au-dessous du cartouche. C'est bien aussi une tête d'ange qui le porte, mais cette tête est appliquée sur un cuir déchiqueté, et soutient une double guirlande de fruits qui va se rattacher à d'amples enroulements qui montent jusqu'aux pieds de la Religion et de la Charité, qui s'y appuient. Nous retrouvons la même disposition sous le cartouche de droite auquel nous passons.

Ce cartouche représente la fuite en Égypte. — De toutes les peintures qui ont successivement appelé nos regards vers ces voûtes, celle-ci est de beaucoup la plus satisfaisante.

Ce tableau n'est-il que la copie d'un grand maître, ou bien est-ce une création originale ? Cette question s'adresse à toutes les fresques de cette chapelle, et nous ne nous chargeons pas, pour le moment, d'y répondre ; mais ce que nous nous permettrons d'affirmer, c'est que l'auteur de cette composition était doué d'un véritable génie. — Nous allons tâcher de donner une idée de ce tableau dramatique.

La Ste Famille fuit à pas redoublés vers l'Égypte ; un Ange qui plane au-dessus de la tête de St Joseph, l'appelle et lui désigne du doigt le chemin qu'il doit suivre. Le saint patriarche, tenant de la main droite la bride de son humble monture, relève vivement la tête du côté où la voix céleste est partie, et fait, avec le bras gauche, un geste qui témoigne une crainte soumise. La Ste-Vierge, portant entre ses bras l'Enfant divin, ce cauchemar d'Hérode, chemine à pas pressés auprès de son chaste gardien, et jette de côté un regard de tranquille mépris sur un serpent qui a cherché à la mordre au talon. L'agencement des plis de la robe et du manteau de la céleste Mère est parfait ; les plis bondissent et s'envolent sous l'effort de la marche et du vent : la vie est là. Vous lisez autour du cartouche : *Ecce elongavi fugiens et mansi in solitudine*. Admirable application faite à la vocation religieuse, qui se résume dans ces paroles : *Fuge, late, tace* ; Dieu ajoute : *Et loquar ad cor tuum*. Les deux génies qui appartiennent à ce cartouche sont assis, comme la Foi et la Religion, dans ses échancrures ; l'un, les pieds posés sur une ancre, et les bras croisés sur la poitrine, complète la trinité des Vertus théologales dont nous venons de voir deux personnifications ; l'autre, gardien évident du feu sacré, tient entre ses bras un carquois couleur d'azur, d'où s'échappent des langues de feu qu'il suit de l'œil avec complaisance ; il applique en même temps une de ces flammes sur son cœur, comme pour se réchauffer lui-même à ce contact du feu divin. — Avis aux chefs d'ordres et aux grands dignitaires de l'Église, qui, en soignant leur troupeau, doivent songer à ne pas se négliger eux-mêmes.

Un vase bleu richement orné, et presque entièrement pareil à celui qui se dresse sur le cartouche opposé, présente sur sa panse un Christ au tombeau ; une couronne de volubilis ou de grenades plane au-dessus du goulot. Nous croyons reconnaître, avec quelque raison, dans ce vase, son emblème et sa couronne, le symbole de l'union eucharistique et ses propriétés. Le vase richement orné, c'est une âme bien préparée à recevoir le sacrement de l'Autel ; le Christ au tombeau qui y est peint, c'est le fruit qu'y doit produire le pain de vie, c'est-à-dire la mortification de nos passions ; la couronne de grenades ou de volubilis, c'est, ou le mémorial des amertumes dont le cœur du Sauveur a été abreuvé durant sa passion, ou bien encore, dans l'autre hypothèse, c'est l'emblème d'une âme infirme et faible qui ne peut s'élever de terre qu'en s'unissant au Dieu fort.

« Un moment de répit ! vous écriez-vous ; le torticoli
» nous gagne, et nous ne saurions poursuivre plus long-
» temps votre marche, qui nous rappelle celle de l'homme-
» mouche, marchant la tête en bas et les pieds collés contre
» un plafond, merveille que tout Paris a pu voir. » — Tranquillisez-vous, chers lecteurs ou auditeurs, nous allons reprendre une position normale, et notre investigation, ramenée entre ciel et terre (situation commode que vous nous permettrez d'appeler *le juste-milieu de la piété*), n'a plus à craindre, pour le moment, les éblouissements et les vertiges ; notre œil va se reposer à l'aise sur les parois des murs du sanctuaire, qui sont aussi tout recouverts de fresques, et nous ferons de l'archéologie en carosse !

Le tympan de l'arcade que remplit, à gauche, la grille plein-cintre du chœur des religieuses, réclame de suite une annotation. — Ce tympan est entièrement occupé par une grisaille qui représente St François de Sales enlevé au ciel par les Anges. Cette composition, assez vulgaire du reste, ne manque pas d'un certain entrain. Cette fresque a souffert, et son ton froid et pauvre s'harmonise assez mal avec l'ensemble de la décoration du sanctuaire, qui est (passez-nous l'expression) toute brûlante. Il est à souhaiter néanmoins que cette fresque soit réparée, et ce vœu s'étend à la chapelle entière, dont quelques parties, ainsi que nous l'avons vu, se resssentent des outrages du temps. — Après tout, ce triomphe du saint fondateur de l'ordre de la Visitation, placé au-dessus de cette sombre grille où gémissent après l'arrivée de l'Époux céleste de volontaires captives de l'amour de Dieu, produit, tout défectueux qu'il est dans sa forme, une sensation profonde ; et le partisan du monde, comparant son dur esclavage, tout doré qu'on le suppose, avec celui auquel on se soumet derrière cette grille, ne trouve plus celle-ci aussi sombre ni aussi noire... C'est une porte, pense-t-il, qui est fermée aux orages du monde, et qui s'ouvre sur le séjour de la paix.

Mais hâtons-nous de détourner nos regards de cette grille sacrée dont le voile noir diaphane trahit la présence de quelques épouses du Christ. Des bandeaux de lin blanchissent à travers cette gaze mortuaire... Ne poussons pas plus loin l'indiscrétion de nos recherches, et portons nos regards vers la partie inférieure du mur de droite, au-dessous de l'unique croisée qui éclaire ce paisible et dévot sanctuaire. Là, deux médaillons, peints comme les autres à l'ocre jaune, et rehaussés d'une large bordure de fleurs naturelles, d'espèces et de couleurs les plus variées, attendent notre examen. Ces deux médaillons se suivent et remplissent l'intervalle laissé entre le retable et la chaire. Celui qui est voisin du retable représente un lion mort, de la gueule duquel sort un essaim d'abeilles. Ces mots touchants, qui révèlent les saintes et ineffables délices contenues dans le Pain eucharistique, volutent autour du *trophée de Samson*, que ce lion mort et recélant un gâteau de miel dans sa gueule, rappelle : *Illud occultum quod habeo dulce*. Cet emblème est encore une image des violences que le chrétien doit se faire pour mériter de recevoir en son cœur le Saint des saints, et de la douceur qu'on trouve à vaincre ses passions.

Le deuxième médaillon, peu distant de l'autre, en est séparé par une guirlande droite, composée aussi de toutes sortes de fleurs aux teintes et au feuillage naturels. Le sujet de ce médaillon est un arbre dont tous les rameaux sont embrasés. Ces mots, qui tournent à l'entour, donnent la clef de cette énigme : *Non extinguetur*. Et voilà que, nous rappelant soudain le phénix qui orne la panse d'un des vases des cartouches du chœur (nous avons déjà vu un des génies des voûtes de la nef s'appuyer sur cet oiseau mystique), et rapprochant cet emblème de celui que nous avons maintenant sous les yeux, nous voyons comme une lumière prophétique luire devant nous, lumière qui nous remplit d'une joie mêlée d'une sainte crainte. « Oui, nul doute, murmurons-nous tout bas, les yeux attachés sur cette prophétie manifeste, ces murs portent une triple promesse de durée qui s'adresse à ce quatrième monastère de la Visitation, à ce couvent où le bienheureux St François de Sales fut comblé de si abondantes consolations par les vertus de ses saintes filles ; oui, le phénix a repris naissance au milieu du bûcher que les révolutions lui avaient construit, et où celles-ci prétendaient l'anéantir. » Oui, nous assistons ici d'une manière spéciale, et qui nous est bien précieuse, à la réalisation d'une promesse encore plus éclatante et plus solennelle, qui est celle-ci : *Et portæ inferi non prævalebunt adversus eam !*

Nous accueillons avec transport le bienheureux augure qui vient de se dévoiler à nos regards; nous saluons avec attendrissement cette assurance de l'indéfectibilité de la foi dans notre patrie, assurance qui découle en quelque sorte de cet emblème, et nous nous reposons avec délices à l'ombre de l'arbre catholique, sous la lueur radieuse de cet arbre enflammé qui ne s'éteindra jamais en France, et qui projette ses rameaux de charité jusqu'aux confins du monde.

Pour cette fois enfin, nous atteignons le retable qui a semblé fuir jusqu'ici notre examen réclamé par tant d'objets divers et imprévus. Nous allons saisir le colosse avec notre pupille bien dilatée, et nous l'interrogerons à loisir; mais avant de nous livrer à cette nouvelle investigation, avant de parler, dis-je, de ce dossier de trône céleste, qui nous remémore la splendeur matérielle du trône du grand Salomon, nous consacrerons quelques paroles au trône lui-même, au royal autel qui est appliqué contre cette pompeuse architecture.

La belle ordonnance de cet autel, la somptuosité du placage de marbre qui le revêt, l'entente exquise du mariage des marbres qui y sont employés exigent une mention particulière, et je vais d'abord m'occuper de lui.

Le tombeau, proprement dit, est en partie recouvert par les deux plus belles plaques de marbre de Sicile qui soient peut-être au monde. Des moulures en brocatelle, du ton le plus doré (ce marbre est d'un grand prix), rehaussent ces plaques d'un rouge vineux, toutes découpées d'une multitude de veines blanches qui s'entrecroisent. L'embase du tombeau, composée de trois larges moulures, est d'une proportion irréprochable. La première de ces moulures, qui forme un quart de rond très allongé, est ornée, sur sa partie la plus enflée, de fortes pétales de *portor*, courant inclinées une partie à droite, une partie à gauche ; ces pétales sont enchâssées, comme des pierres précieuses qu'elles sont dignes de figurer, dans un méandre de pierre de Sassenage admirablement travaillé, et dont le ton jaune-verdâtre fait rejaillir le noir d'ébène du portor ; le cavé en dessous paraît creusé dans une bande de brèche violette, superbe échantillon de ce marbre coquet, où resplendit le plus gracieux ramage de réseaux violets et blancs de neige : c'est la belle pierre de Sassenage, fond si précieux pour les incrustations, et qui ressemble à ces aimables et modestes esprits qui s'effacent pour faire valoir celui des autres, qui a fourni l'ample doucine qui termine l'harmonieuse et mâle embase du tombeau. Les deux gradins ne le cèdent en rien, comme richesse de matière, au corps de l'autel ; le premier est plaqué en brèche violette d'une couleur aussi intense et aussi pure que celle de la plus belle améthiste ; le deuxième est revêtu d'une pâte d'agathe d'une beauté et d'une suavité de ton incomparable ; une ample moulure de marbre gris-sanguin, tirant sur le noir, borde ce dernier gradin, et vient faire retour, en manière de corniche, au-dessus des pilastres à trois pans dont est flanquée la cage du tabernacle. Trois longues plaques de vert antique d'un beau choix revêtent les trois pans de ces pilastres ; de fines moulures d'or bruni les encadrent. La cage du tabernacle est plaquée en brèche violette de la plus éclatante fraîcheur ; deux têtes d'anges accouplées, fortes comme celles de jeunes enfants, supportent, d'une part, la moulure du gradin qui se profile au-dessus du tabernacle, et couronnent dignement, d'une autre, le dessus de la porte du tabernacle, sur le cintre de laquelle ils ramènent et appuyent leurs ailes : les anges et la porte sont dorés. Cet aspect est large et vraiment beau. Nous ne trouvons pas, toutefois, que la sculpture de la porte réponde suffisamment à cette magnificence ; et la tige de blé à cinq épis que l'artiste y a figurée, objet trop grêle par lui-même, y écrase très maladroitement un faible cep de vigne qui apparaît en arrière-plan. Nous tiendrons compte néanmoins à l'artiste de l'esprit qu'il a montré dans la disposition de ces deux emblèmes sacrés ; nous le louerons d'avoir trouvé le moyen de comprendre, entre le cep de vigne et l'un des cinq épis, qu'il a fait incliner à dessein, la serrure du tabernacle : l'artiste a voulu, sans doute, exprimer par là que le pain et le vin de l'autel sont la clef de la vie éternelle.

L'exposition qui surgit au-dessus du tabernacle est d'un bel effet : elle est plutôt d'une grande richesse que d'un très-bon goût, et le détestable genre rocaille, cette orgie de la ligne et de l'ornementation, y point déjà d'une manière décente et adoucie. Le travail en est lourd et grossier. Ce grave reproche, que nous sommes loin d'étendre à tout le retable, sera cependant applicable à celui-ci dans plusieurs de ses parties. Car, disons-le avec la froideur et le calme du critique, ce retable n'est rien moins que le culte de la perfection de la ligne, la religion de l'art, si j'ose ainsi parler : non, rien de cela n'est devant nos yeux ; c'est l'orientalisme qui nous apparaît avec sa mître en tête et ses cheveux aux vents, l'orientalisme taillant en plein drap d'or, brodé de figures en haut bossage, un pavillon pour Dieu, sans s'occuper des proportions et des mesures, et des lois posées par Vitruve ou Palladio.

En dépit de cette violation des règles, et malgré les lourdeurs et les incohérences qui y abondent, le retable de Ste-Marie-sur-Chalmond (nous rappelons encore une fois, à cette occasion, l'étimologie curieuse de ce nom, dérivé de celui de *Salomon*), le retable de Ste-Marie, disons-nous, est une œuvre majeure, un véritable poème épique qui chante son *Sanctus* à Dieu, et dont l'ensemble impose la vénération et le recueillement. Aussi, l'aspect du chœur de la chapelle des Ursulines frappe-t-il fortement au premier abord, ainsi que nous avons tâché de le peindre, l'âme et les yeux : qu'importe donc notre critique de délicat et de raffiné ? L'artiste qui a su produire un pareil effet est hors de cause; il est justifié par son succès, et nous nous inclinons avec reconnaissance devant la majesté de ce retable qui abrite si bien la suprême Majesté.

Qu'on n'aille pas croire cependant, d'après ce préambule, que cette œuvre manque de raisonnement, de combinaisons savantes et de certaines perfections ; on se tromperait fort. Le Jehovah qui occupe l'arceau au-dessus de l'autel, arceau qui touche à la voûte, est une composition réellement grandiose et d'une exécution magistrale : la figure colossale du Père éternel, vue à mi-corps et exécutée en ronde bosse, respire la grandeur et la bonté ; la barbe et les cheveux sont traités de main de maître, ainsi que la draperie du manteau, si pittoresquement soulevée par le vent au-dessus de l'épaule du modérateur des tempêtes. Les deux têtes d'anges également colossales qui accompagnent de chaque côté le Créateur, sont pleines de sentiment et de vie, et ne perdent rien de leur caractère enfantin malgré leur proportion double nature. Enfin, les deux Archanges adorateurs qui sont agenouillés des deux côtés de l'arceau, sont bien des esprits célestes et des ministres du Très-Haut. La scène de la Visitation sculptée en haut relief sur le panneau qui forme, au-dessous de l'arceau, le tableau d'autel, est rendue avec noblesse. Les deux seules figures qui entrent dans cette composition, celles de la Ste-Vierge et de Ste-Elisabeth, sont travaillées avec soin, et les draperies ont de la souplesse. Maintenant, hormis les quatre colonnes torses qui divisent en trois le retable auquel elles forment avant-corps, hormis, disons-nous, ces quatre colonnes à fond d'or rougeâtre à l'entour desquelles s'entortillent avec tant de vitalité des ceps de vigne en or bruni, je n'ai plus rien à louer isolément; les deux retours en ailes du retable sont surchargées d'enroulements plus pompeux que de bon goût; et les deux statues qui veulent être St Augustin et St François de Sales, ont passé par les mains de Procuste avant de prendre place dans les niches qu'elles occupent. St François de Sales se reconnaît assez facilement : on a sa charge (qu'on me passe ce mot d'artiste) sous les yeux; cependant, le cœur qu'il tient à la main, emblème réservé au grand St Augustin, à qui l'on a refusé ici cet indice de la charité, déroute un moment l'archéologue. Quant à St Augustin, privé, comme nous venons de le dire, de la marque distinctive de son génie, il ressemble si fort à Notre Seigneur (je dis d'une manière vulgaire), qu'il est facile de s'y méprendre : à cet oubli impardonnable, joignez le manque de caractère dans les vêtements, et vous conviendrez que si le saint évêque de Genève a été manqué et *mal portraité*, le grand évêque d'Hippone a encore plus à se plaindre de son imagier. Ces malheureuses figures, du reste, introduites après coup dans le retable, sont évidemment d'une toute autre main que celle qui a sculpté la magnifique Gloire du sommet : il y a toute la différence d'un Jean Goujon à un faiseur de poupées, dans ces deux manières.

Mais il est temps de parler du grand et saisissant effet

qui ressort de l'agencement des parties latérales, ou pour mieux dire des deux pans du retable : je veux parler des deux portes d'or massives qui sont percées sous les deux niches que nous venons d'indiquer. La première de ces portes conduit à la sacristie ; l'autre (nous avons lieu de le présumer du moins) n'est qu'un rappel de symétrie et qu'un pendant obligé pour la régularité de l'œuvre.

Ces portes ont de la magnificence. Surchargées de formidables sculptures qui semblent avoir été travaillées par les Titans, obstruées de pendentifs de fruits monstres, elles sont décorées à leur sommet des armoiries quasi-royales du connétable de Lesdiguières, armoiries où l'on voit s'élancer un lion d'or sous une couronne de duc, et d'où s'échappent, sur un manteau d'hermine largement déployé, les deux colliers superposés du St-Esprit et de St-Michel.

Certes, voilà une belle exhibition des grandeurs du siècle, et une pompe faite pour attirer les regards ! Toutefois, ce n'est ni cette ornementation écrasante, ni cette superfétation d'insignes glorieux qui donnent à ces portes leur poétique valeur. Ces deux statues qui s'élèvent au-dessus d'elles, et dont les pieds foulent, du haut du ciel, l'illustre écusson, leur communiquent seules la poésie qui en déborde.

Portes sacrées, ouvrez-vous ; laissez passer dans le bercail éternel ces deux troupeaux réunis de St Augustin et de St François de Sales, que notre pensée vient de réunir dans ce chœur sombre et méditatif, et que nous croyons voir défiler de chaque côté de ce splendide autel comme deux phalanges lumineuses !

Quelques personnes nous demanderont : « Mais pourquoi cette statue de St Augustin intronisée d'une manière si spéciale dans la chapelle de la Visitation ? Quel rapport ce grand saint a-t-il avec cet ordre ? » — Un très essentiel, répondrons-nous, puisque St François de Sales a emprunté une partie de la règle de son pieux institut à celle de l'auteur de la Cité Mystique. St Ignace ne fut pas non plus oublié de notre cher patron dans l'œuvre sainte qu'il méditait, et plusieurs règlements de ce saint, si contredit et si admiré, vinrent compléter la règle de l'ordre de la Visitation. De là, sans doute, ce saint monogramme des Jésuites que nous avons recueilli, et sur la porte de la chapelle, et sur la panse d'un vase, et sur chacun de ces cœurs qui enlacent, dans une chaîne d'amour, la plate-bande de l'arc du sanctuaire.

Ainsi, contrairement à la manière de procéder des inventeurs de systèmes profanes, et des fauteurs d'hérésie, qui nient la supériorité de leurs pères, et n'ont rien de plus à cœur que de mettre en relief leur individualité et de paraître éclairés de leurs seules lumières, les saints fondateurs des divers ordres religieux vont puiser ostensiblement dans le trésor de vertu et d'intelligence de leurs saints devanciers, les raisons d'être de leurs œuvres, et les moyens de les faire vivre.

D'autres armoiries que celles de Lesdiguières figurent dans le retable, et nous signalerons deux autres écussons appliqués au-dessous des deux corbeilles de fruits et de fleurs qui remplissent l'intervalle existant entre les deux ressauts des ailes et l'arceau du milieu, qui est comme le propitiatoire de cette arche gigantesque. Ces armoiries, d'une richesse extrême, et qui renferment plusieurs signes héraldiques, sont encastrées dans des couronnes de laurier très saillantes. Nous aurions voulu pouvoir saisir les signes multiples de ces écus, mais la hauteur à laquelle ils sont placés ne nous a pas permis de les déchiffrer : à une autre cette gloire qui ne peut s'acquérir qu'à l'aide d'une longue échelle ou d'une longue vue. Du reste, notre mince science en fait de blason, existe-t-elle d'abord, s'est fort bien accommodée de cette difficulté insurmontable. Ayant néanmoins fait effort des yeux, j'ai pu m'assurer que ces écus différaient entièrement ; et même, je suis parvenu à découvrir dans celui de droite, la croix rouge des croisés. J'avoue que de tous les emblèmes nobiliaires, celui-là est celui qui me tente le plus, et qui me paraît le mieux asseoir une origine aristocratique.

Nous avons analysé de notre mieux le colosse, nous allons le quitter ; mais avant de passer à une autre partie de notre inventaire, nous croyons devoir copier littéralement, pour la satisfaction des amateurs de faits précis, un passage du manuscrit si précieux que Mme la Supérieure des Ursulines nous a fait dernièrement parvenir, et qui a pour titre : FONDATION DU PREMIER MONASTÈRE DE LA VISITATION DE GRENOBLE, ÉTABLI LE 5 AVRIL 1615, titre suivi de ces paroles : « Nous avons copié littéralement ces détails » dans le volume de l'*Histoire des Fondations*, donné à » notre Institut en 1696. » — Le passage dont il s'agit a trait à l'histoire de la fondation et de la décoration de la chapelle. Le voici :

« L'église de ce premier monastère de Grenoble a été
» achevée en même temps que le bâtiment, en 1622. Elle
» fut sacrée quarante ans après, à l'époque de la béatifi-
» cation de notre bienheureux Fondateur St FRANÇOIS DE
» SALES ; et pour cette solennité, on y fit les peintures
» que l'on y voit encore. C'était en 1662. Les statues repré-
» sentent St Augustin et St François de Sales ; elles ont été

» placées à l'époque de l'achèvement des décorations de
» l'église, c'est-à-dire en 1666, année de la canonisation de
» St François de Sales. Cette solennité se célébra très pom-
» peusement à Grenoble ; et ce fut pour contribuer à la
» gloire de ce saint Patriarche que François de Créqui, duc
» de Lesdiguières, petit-fils de l'illustre connétable, fit dorer
» le retable de l'autel, comme nous le lisons dans la Vie de
» la vénérable Mère Marie-Clotilde de Chaulnes, tome IX
» des Circulaires de l'Institut, et Vies de nos anciennes
» Mères. »

Revenons à un autre genre de positif, et puisque nous avons décidé que nous dresserions un inventaire exact des richesses accumulées dans cette légende doublement dorée appelée Chœur de la chapelle du couvent de la Visitation de Ste-Marie de Grenoble, nous n'omettrons pas de parler de deux charmants trépieds-candélabres qui accompagnent de chaque côté l'autel : ils ornaient aussi jadis, avec la statue de la Sainte-Vierge que nous avons décrite, la chapelle de l'ancien couvent des Dames Ursulines, et y produisaient, des deux côtés du maître-autel, un grand effet. Ils ont acquis ici une importance encore plus grande, et semblent avoir été créés exprès, ainsi que la statue de la Ste-Vierge, dont il a été parlé, pour le nouveau sanctuaire, où on les a transferrés. Donnons une idée de ces candélabres.

Un Ange en pied tient gracieusement entre ses bras une corne d'abondance dont l'ouverure s'épanouit en large bobèche ; un vase, tout bossagé d'amples sculptures, sert de piédestal au lampadophore céleste. Ce vase, habilement allégi, repose sur un long culot pressé par trois consoles alliant la force à la légèreté ; ces consoles, dont la volute tourne en dedans, portent sur des pieds courbes tournés en dehors, et qui soutiennent d'une manière aérienne tout cet échafaudage artistique : on ne peut pas voir des candélabres d'un style plus élégant ni plus religieux : ces Anges sont réellement dignes d'être placés *sur le chandelier* dans la maison de Dieu.

Les deux candélabres dont nous venons de donner l'esquisse appartiennent à une époque bien plus récente que le retable ; ils nous paraissent appartenir au beau siècle de Louis XIV. Mais, hâtons-nous de le dire, le morceau d'art capital de cette chapelle, si riche en sculptures, c'est l'admirable, c'est l'incomparable chaire que nous avons décrite avec une fidélité si cruelle et si lourde, nous le craignons bien, pour nos lecteurs. Disons à ce chef-d'œuvre, que nous croyons devoir attribuer en passant au plus beau temps du siècle de Louis XIII, disons-lui, en lui jetant encore un complaisant et amoureux regard, le mot des Italiens à leurs amis : *a rivedere !* Oh ! oui, très certainement, nous viendrons te revoir, attrayant chef-d'œuvre ; nous voulons nous délecter encore de tes exquises proportions ; nous viendrons savourer plus d'une fois ta perfection idéale, ta sainte et merveilleuse beauté !

Un dernier mot plus posé sur cette chaire : elle aussi, elle vient d'un autre endroit, elle est étrangère ; elle vient, dit-on, de l'antique chapelle de Montfleury, qui était si célèbre par sa magnificence, et que les Dauphins avaient enrichie de tant de trésors sacrés (1).

Ainsi donc cette chapelle de Sainte-Marie-d'en-Haut, aux souvenirs si graves, s'est recrutée peut-être dans cette

---

(1) Montfleury était alors une abbaye de Dames Dominicaines, et la chaire que nous signalons est, ainsi que nous l'avons vu, comme un résumé des gloires impérissables du grand ordre de St Dominique.

chaire modèle d'un débris échappé à la tempête révolutionnaire; et, dans tous les cas, d'un rayon d'une splendeur éclipsée, autre intérêt qui s'attache à ce chef-d'œuvre exotique, devant lequel pâlissent, il faut bien le dire, toutes les magificences qui l'entourent.

Dans notre inquiétude d'avoir laissé échapper quelque trésor à nos recherches, nous avons tourné en tous sens nos regards vers les murailles et dans les plus petits recoins de ce Saint des saints, et ayant arrêté notre œil sur le marche-pied de l'autel, recouvert d'un riche tapis, nous avons eu le bon sens de nous dire : Un pareil autel suppose un riche marche-pied; assurons-nous de la chose. Et ayant routé le tapis sur lui-même, nous reconnûmes combien nous avions eu raison de faire de la *logique :* le marche-pied de l'autel était complétement en rapport avec ce dernier; une riche mosaïque le décorait; une large étoile à huit rayons, composés chacun de deux autres rayons assemblés, l'un de marbre blanc, l'autre de bleu turquin, y est brodée sur une plaque de brocatelle aux veines d'or.

Nous aurions pu terminer ici notre description du chœur de Ste-Marie, puisqu'en effet nous avons minutieusement exploré tout ce qu'il contient; mais nous n'avons pu nous décider à quitter cette riche mine artistique avant d'avoir obtenu une faveur qui devait couronner notre travail; nous avions besoin, disons-nous, de contempler la pierre sacrée où Ste Frémiot de Chantal apprit, par un avis émané du ciel, la mort du bienheureux Père de son âme. La bienveillance extrême que nous avait montrée M. l'Aumônier (1), qui n'avait cessé de nous encourager durant nos pénibles recherches, nous enhardissait à présenter notre requête. Notre demande fut accueillie par ce digne prêtre avec toute la grâce possible.

---

(1) M. l'abbé Lamanche.

Un matin donc, au sortir de l'autel où il venait de célébrer les saints mystères, il s'approche de la grille qui ferme le chœur des religieuses, et prie une de ces saintes filles, cachée derrière la tenture mortuaire, de tirer le funèbre rideau qui entoure d'un mystère si redoutable le gynécée des Ursulines ; en même temps, sur un geste de M. l'Aumônier, je monte à l'estrade qui est établie au bas de la grille, grille qui ne s'ouvre que pour Dieu, et au milieu de laquelle est pratiqué un petit guichet par où le divin prisonnier du tabernacle se communique aux heureuses prisonnières du cloître. J'approche de cette clôture sombre et mystique derrière laquelle je vois glisser une ombre noire couronnée d'une auréole blanche ; le voile de deuil frémit, s'ouvre en deux, et mes yeux tombent à la fois sur une vénérable religieuse qui me sourit modestement les yeux baissés, et sur la pierre où Ste Chantal, dont l'Ursuline semble être l'apparition, reçut dans le cœur le glaive de douleur que lui apportaient ces mots prononcés par un Ange invisible, celui de la Visitation, sans doute : *Il n'est plus !* Laissé à mes recherches par la sainte religieuse, qui eut la bonté, avant de me quitter, d'ouvrir les rideaux des fenêtres du chœur afin de faciliter mon examen, je fixai avidement mes regards sur la pierre de la douloureuse extase, pierre incrustée dans le sol à quelques centimètres de la grille.

Cette pierre, légèrement oblongue, et qui peut avoir un mètre 10 c. de largeur sur un mètre 40 c. de longueur, est recouverte d'une mosaïque de différents marbres ; une bordure de marbre noir, large d'environ 30 centimètres, et toute criblée de larmes en intaille dévêtues du ciment blanc qui les faisait ressortir jadis, l'encadre ; la mosaïque représente une large couronne d'épines enfermant un cœur surmonté de la croix ; ce cœur porte en outre le double chiffre de Jésus et de Marie ; une tête de mort posée sur des os en croix, remplit les quatre angles du monument funéraire ; la couronne est en marbre vert, le cœur en marbre rouge, et le chiffre, découpé avec une précision rare, qui lui donne l'aspect d'une découpure obtenue à l'aide d'un emporte-pièce, est fourni par le blanc de la pierre. Les têtes de mort sont de marbre rose, qui contraste audacieusement avec le hideux emblème, qui semble sourire aux joies de l'immortalité ! Une inscription, totalement effacée par le frottement répété des pieds, régnait au-dessus et au-dessous de la couronne d'épines, diadème de douleur qui a résisté, on ne sait pourquoi.

C'est sur cette pierre, placée en face du guichet de la communion, que chaque sainte convive s'arrête pour recevoir le Pain eucharistique, ce baume suprême des cœurs délaissés et souffrants. Plus d'une religieuse alors, se rappelant une âme chère qui s'est envolée dans les cieux, unit ses espérances et ses regrets à ceux de Ste Chantal, en disant comme elle au Dieu qu'elle vient de recevoir : « Non,
» il ne vit, ou elle ne vit plus, ô mon Dieu ! mais vous,
» Seigneur, vous vivez en celui ou en celle que je pleure,
» et que je retrouverai bientôt dans votre sein ! »

Profitons de la faveur insigne qui nous permet de plonger nos regards à travers cette grille sacrée, et avant de nous retirer de ces limites angéliques, portons rapidement notre investigation dans le chœur des religieuses, que nous avons sous les yeux : propreté, décence, humilité, voilà ce qui y brille ; nul ornement, si ce n'est quelques tableaux, dont je n'ai pu juger le mérite à distance, et qui vivifient les longues murailles crépies de chaux vive ; puis, occupant les deux côtés du parallélogramme que forme le chœur, des bancs de noyer bien luisants et frottés chaque jour avec un soin religieux, sont échelonnés les uns au-dessus des autres, comme des pelotons prêts à défiler. C'est là que, agenouillée et recueillie, pure comme un lys et fraîche comme un bouquet de roses, prie, aux heures des offices, la jeune phalange confiée aux soins maternels des filles de Ste Ursule ; là, le *printemps de l'année* s'épanouit sous les yeux de Dieu !

Voilà la richesse du chœur de Mmes les Ursulines ; et nous nous dîmes en redescendant à pas comptés et respectueux l'estrade qui nous avait conduit à ce seuil infranchissable, même aux regards : C'était ainsi que la Vierge Marie tenait son humble maison de Nazareth !

Persuadé que nous n'avions plus rien à faire dans le sanctuaire de la chapelle, sanctuaire que nous avions interrogé en tout sens et de la tête aux pieds, nous nous disposions à fléchir le genou devant lui et à reprendre le chemin de la chapelle de la Ste-Vierge, pour reprendre, ainsi que nous l'avons annoncé, celle-ci en sous-œuvre, lorsque, nous arrêtant dans notre marche rétrospective, M. l'Aumônier nous dit : — « Avez-vous vu le confessionnal de St-François de Sales ? » Ayant répondu avec tressaillement que non. « Venez, reprit le saint prêtre ; » et s'approchant de la porte dorée qui est couronnée par la statue de St Augustin, porte que nous avions crue un vain simulacre, et qui fait pendant, dans l'aile gauche du retable, à celle de la sacristie, il l'ouvre, et nous invite à approcher ; nous avançons avec émotion, et notre œil plonge dans un petit réduit mystérieux ayant la forme d'un petit entonnoir tronqué. Au bout de ce syphon, et scellée dans la muraille à la hauteur de l'oreille d'un homme assis, une petite grille rouillée attire nos regards..... M. l'Aumônier nous la montre du doigt et nous dit : « C'est là, c'est contre ce petit treillis de » fer que s'est appuyée, pendant de longues heures, la tête » de votre grand Patron, cette tête vénérable que vous avez » eu le bonheur de contempler de si près à Annecy ! Oui, » c'est à ce confessionnal que le cœur du Saint fut inondé » des plus profondes délices qui puissent descendre dans » l'âme d'un Fondateur d'ordre. Cœurs selon son cœur, » toutes les chastes filles que le Saint entendit ici en con- » fession, lui dévoilèrent des consciences où Dieu et les » Anges se miraient. La ville de Grenoble, vous le savez, » ne contenta pas moins le cœur du Bienheureux ; vous » connaissez ces paroles du Saint : — Je ne vis jamais un » peuple si docile que celui-ci, ni plus porté à la piété ; » surtout les dames y deviennent très dévotes, car, ici » comme ailleurs, les hommes laissent aux femmes le soin » du ménage et de la dévotion. » — Le grand homme que » ce St François de Sales ! Quelle confiance en Dieu, quelle » humilité, quelle prudence ! Ainsi, dans la même lettre » d'où je tire les paroles que je viens de vous rappeler, il » ajoute : — « Douze des plus considérables (dames du » pays) se sont rendues mes filles, et travaillent pour éta- » blir ici une maison de notre *petite Visitation* (textuel). Mon- » seigneur l'Évêque et Messieurs du Parlement n'y témoi- » gnent aucune répugnance, *ni moi aucun empressement*, » quoiqu'à vous dire le vrai, je désire cette maison, parce « que Dieu en sera glorifié, ainsi que je l'espère, etc. » — Il termine cette délicieuse lettre par ces paroles : — « Il » faut attendre, prier, espérer, et surtout nous bien humi- » lier devant la divine Majesté (1). »

---

(1) Lettre adressée par St François de Sales à Mme de Chantal. On n'en

Ce que nous venions de voir, ce qui venait de nous être rappelé, mettait le sceau aux grandeurs historiques que ce sanctuaire de Sainte-Marie renferme, et nous n'avions plus qu'à prendre congé de notre respectable cicérone et du grand Dieu devant qui nous venions d'exhumer le souvenir d'un des plus grands serviteurs de l'Église. Nous nous inclinâmes devant le ministre du Roi suprême, et nous fléchîmes le genou devant le Juge des souverains; cela fait, nous recommandant à notre saint Patron, nous redescendîmes les marches du chœur et nous nous rendîmes à la chapelle de la Ste-Vierge, que nous avons explorée une première fois à la légère, et qui réclame de notre part un examen plus sérieux.

Nous retrouvons dans cette chapelle, seulement avec des proportions plus restreintes, le même style d'architecture, la même ornementation, le même croisement de nervures à la voûte, et par conséquent quatre autres pendentifs remplis chacun par un sujet tiré de la vie de St François de Sales. Le peu d'espace qu'offrent les pendentifs n'a pas permis à l'artiste de suivre, pour ces peintures, la même opulence d'encadrement que nous venons de rencontrer, soit à la voûte de la nef, soit à celle du chœur; ici, c'est un petit médaillon rond, serti d'une couronne de lauriers, qui occupe uniformément chacun des pendentifs; puis, ce ne sont plus des génies qui sont chargés de porter ces peintures, mais de jeunes Anges demi-nature; ceux-ci volent de chaque côté du tableau et le soutiennent gracieusement, non sur leur dos, mais sur le bout de leurs doigts,

---

cite là que les passages les plus saillants (*in extenso* dans le manuscrit intitulé : *Documents sur la fondation des deux monastères de la Visitation de Ste-Marie de Grenoble.*)

d'une façon toute aérienne. On retrouve ici, cependant, un rappel des génies des voûtes et des murailles de la nef; deux de ces créatures fantastiques, grandeur nature, sont constitués gardiens de la fenêtre de la chapelle ; sans attributs dans les mains, un bras élevé au-dessus de leur tête avec une certaine grâce, ils s'appuient, faisant ici l'office de cariatides, aux jambages de la fenêtre contre lesquels ils sont adossés; leurs jambes se fondent en immenses arabesques formant deux volutes successives qui viennent remonter, l'une au-dessus de l'autre, à la hauteur de leurs épaules. Cette prolongation de l'ornement sert à combler habilement l'espace qui s'étend jusqu'à l'angle du mur. L'*intrados* de la fenêtre est recouvert d'une brillante arabesque renaissance, très effacée malheureusement, et en partie détruite : elle devait produire, dans sa fraîcheur, un très bel effet. Quant aux nervures de la voûte, recouvertes, comme les autres, d'arabesques grisaille et or, elles appuient leurs retombées sur quatre petites consoles élevées à environ deux mètres du sol, et ayant la forme d'un gland renversé. Ce moyen d'asseoir les nervures a été également employé aux voûtes de la nef; mais comme celles-ci sont beaucoup plus élevées, nous n'avons pu nous rendre compte d'abord, à travers la pénombre qui les enveloppe, du système d'appui que nous signalons ici. Une large moulure plate règne autour de cette console ; cette moulure et le gland sont recouverts, la première d'une série d'oves réservées en jaune, et logées dans des alvéoles ton grisaille ; le second, de feuilles d'acanthe, où les deux tons que je viens de dire sont employés. Ce bicolore se reproduit, qu'on ne l'oublie pas, dans toutes les grisailles de la chapelle, que ces touches d'or relèvent et raffermissent.

Nous avons vu aussi que l'emploi des couleurs naturelles

vient enrichir souvent cette ornementation, qui risquerait d'être fade sans ce secours, et que tous les attributs des génies et les vases sont traités dans ce dernier système. Cette originalité, loin de nuire à l'effet général, jette dans ce vaste réseau de fresques où l'œil se perd, une animation et une vigueur qui n'excluent pas l'harmonie. L'union du *suaviter* et du *fortiter* qui triomphe d'une manière si éclatante dans l'admirable chaire que nous avons si complaisamment décrite, trouve encore ici son application la plus heureuse. D'ailleurs, peints en tons naturels, les emblèmes s'aperçoivent mieux, et sont plus déchiffrables. Tels sont, du moins à notre avis, les avantages de cette alliance de tons, qu'on pourrait croire criarde, et qui ne l'est en aucune manière.

Voici le moment de reprendre, pour la quatrième fois, notre système d'investigation cruciaire. Nous faisons face à l'autel, et nous appliquons de suite notre œil sur le médaillon qui plane au-dessus de la belle statue de la Sainte-Vierge ; décrivons-le.

Le saint Fondateur de l'ordre de la Visitation siége dans un sanctuaire en la compagnie de trois évêques ; ceux-ci portent la mître en tête, tandis que le saint a la tête découverte. On aperçoit, dans la partie supérieure du tableau, la Ste Trinité, que la Ste-Vierge accompagne ; celle-ci tend les bras à St François du haut du ciel, et semble sourire à l'élu du Seigneur, au nouveau pontife qui sera la gloire de l'Église, au père de la nouvelle famille spirituelle qui enrichira le ciel de tant de saintes ! Le Saint, accablé du fardeau de l'épiscopat qui va lui être imposé, lève les yeux au ciel pour implorer son assistance, et semble y apercevoir la consolante vision. La foule remplit les bas-côtés du chœur, et suit avec émotion la consécration du grand

Évêque de Genève, à laquelle nous assistons. Nulle parole n'accompagne ce médaillon, non plus que ceux qui vont suivre. Un vase gracieux, mais sans emblême, pointe au-dessus de chacun d'eux, et relie l'ornementation à la clef de voûte.

Le deuxième médaillon, en revenant sur nous-même, représente le Saint prosterné aux pieds du Souverain Pontife qui est entouré du sacré Collége ; le Pape s'est levé de son trône et s'avance, les bras tendus, vers l'élu de Dieu, pour l'embrasser. Cette fresque nous retrace la plus solennelle et la plus touchante circonstance de la vie du saint.

Nommé par son évêque, contre sa volonté expresse, coadjuteur de Genève, et envoyé par ce dernier à Rome pour y traiter des affaires du diocèse, St François de Sales, qui devait être examiné par le souverain Pontife lui-même sur les plus hautes questions de théologie, avant de recevoir l'investiture de l'onéreuse charge qui lui était imposée, supplia Dieu que s'il ne l'appelait pas à l'épiscopat, il lui plût de faire paraître son ignorance et de le couvrir de confusion devant son vicaire.

Le jour marqué pour l'examen étant arrivé, le saint se présenta devant le souverain Pontife, qui était entouré de l'élite du sacré Collége ; le cardinal Baronius et le savant Jésuite Bellarmin étaient présents. Le Pape, qui était très savant, commença l'examen, qui fut continué par les cardinaux, des évêques et des docteurs. Trente-cinq questions de la théologie la plus sublime y furent proposées, et François répondit avec tant de solidité, de netteté et de modestie, que le pape, charmé d'une vertu et d'une érudition si grandes, se leva de son siége, et l'embrassa en lui disant : « Buvez, mon fils, des eaux de votre citerne et de la source » de votre cœur, et faites que l'abondance de ces eaux se

» répande dans toutes les places publiques, afin que tout
» le monde puisse boire et s'y désaltérer. » Il le déclara
ensuite coadjuteur et successeur de l'évêque de Genève, le
nomma évêque de Nicopolis, et ordonna qu'on lui en expédiât les bulles (1).

On nous pardonnera d'avoir donné au long l'explication de ce médaillon. Des actes de modestie pareils à celui que nous venons de rapporter de notre saint patron sont si rares!

Le médaillon de gauche nous représente le Saint bénissant du haut de son trône épiscopal, où il siége avec tous les insignes d'évêque, le noyau de l'ordre de la Visitation, composé de neuf religieuses. Plus tard, ce petit grain de senevé deviendra un grand arbre qui élévera jusqu'au ciel ses rameaux vigoureux ; et cet arbre, nous l'avons aperçu dans un large octogone qui meuble, du côté de la nef, le dessus de l'arcade de la chapelle que nous décrivons. Nous n'avons pas non plus oublié les paroles qui l'entourent, et ces paroles, nous allons bientôt nous les approprier.

L'*Amen* arrive enfin pour vous et pour moi une bonne et dernière fois ; nous le prononcerons ensemble avec joie, si vous voulez, et nous dirons ce qu'il représente.

Le médaillon de droite, disons-nous, montre le Saint prêchant à un petit troupeau de villageois, au milieu d'une solitude agreste. Il est adossé contre un arbre, et tient un crucifix à la main. Nous croyons cette scène empruntée à la rude mission du Saint dans le Chablais. Cette peinture est très endommagée ; il n'en reste guère que la moitié. Chose déplorable, car cette fresque, ainsi que les trois au-

---

(1) Tiré de la Vie de St François de Sales, par Marsolier.

tres médaillons, est touchée avec une finesse remarquable : les arbes sont bien feuillés, et les attitudes des auditeurs expriment bien l'intérêt et l'attention. On voit que l'artiste, qui travaillait ici plus près de l'œil du spectateur, a rassemblé tous ses moyens, et a donné tous ses soins à ces miniatures à la gouache (détrempe).

Nous aurions encore à parler d'un autre médaillon plus considérable qui occupe le centre de la muraille au fond de la chapelle ; mais un malencontreux confessionnal, qui le masque presque entièrement, abrège notre tâche et vos soupirs. Cette fresque, du reste, paraît si fort détériorée, que nous n'avons pas à regretter qu'elle soit invisible.

Sans revenir entièrement sur la description de l'autel de la Ste-Vierge, que nous avons donnée d'une manière assez détaillée au commencement de cette Notice, nous insisterons, avant de faire nos adieux à ce sanctuaire, sur la richesse de cette partie qu'on appelle le *tombeau*, et que nous avons un peu négligée, préoccupé que nous étions par l'aspect de tant d'objets divers. Nous ne nous sommes pas non plus assez appesanti sur la richesse de ce tabernacle de marbre blanc, formé par un écusson rocaille grassement travaillé, et que deux têtes d'anges, prises dans la masse, couronnent. La porte de ce tabernacle, sur laquelle est ciselé en haut-relief un pélican debout sur son nid, et présentant son flanc percé à ses petits, n'est certes pas à dédaigner ; les gradins de l'autel aussi, revêtus de plaques de marbre de Sicile, sont à noter. Mais pour en revenir au *tombeau*, qui est décoré d'une des plus magnifiques plaques de marbre africain, soulevez la nappe d'autel, et vout verrez un des plus brillants rinceaux bysantins qu'ait produit l'art du marbrier. Composée d'un large méandre de grasses feuilles d'acanthe enlevées dans une épaisse plate-bande de marbre blanc statuaire, ce rinceau, allégi et troué sur ses bords par des trèfles de bleu turquin en dessus, et des rouelles de marbre de Sicile en dessous, éclate comme un objet de joaillerie. Les deux tombeaux d'autel de Ste-Marie-d'en-Haut rappellent, on le voit, par leur magnificence rare, l'auguste prophétie : *Erit sepulchrum ejus gloriosum.*

Nous donnons enfin congé à nos lecteurs ; nous n'avons plus rien à leur dire sur le rare monument que nous venons d'étudier pendant de longs jours, avec tant de délices sans doute, mais aussi avec tant de fatigues. L'auteur a donc lieu de se réjouir aussi ; mais avant d'écrire au bas de la dernière page de son œuvre, ce mot que les infortunés lecteurs ont si souvent béni, FINIS, il faut qu'il console, par une heureuse promesse, les amateurs de l'art que les détériorations subies par les fresques de la chapelle de Mmes les Ursulines ont dû désoler. Mme la Supérieure nous a formellement annoncé que la restauration de ces fresques ne se ferait pas longtemps attendre.

Maintenant, l'auteur de cette Notice a besoin de formuler un vœu au sujet de ces mêmes fresques et de tous les objets d'art que contient cette précieuse chapelle ; et, s'adressant au patriotisme de nos artistes dauphinois, si habiles, il souhaite que ces humbles lignes, tirées aussi d'un sentiment tout patriotique, excitent l'un de ces artistes à reproduire les trésors artistiques qui sont renfermés dans le sanctuaire dont nous venons, en quelque sorte, d'exprimer si longuement le miel. Il y aurait profit et gloire, nous n'en doutons pas, dans une pareille entreprise, qui vengerait notre pays, et ce serait un bon moyen de fermer la bouche à ces dénigreurs de leur lieu natal, qui vous jettent résolument et carrément à la face ces mots désespérants et in-

justes : « Nous n'avons aucun monument à montrer à l'é-
» tranger. »

Que ces démonétiseurs de notre pauvre Grenoble viennent donc voir avec attention les deux monuments qui honorent la rive droite de l'Isère : la belle crypte de Saint-Laurent, d'une part, et le merveilleux sanctuaire que nous allons quitter, d'une autre ; et qu'ils osent dire ensuite « que » nous ne pouvons avoir de vieux monuments ; » assertion qui nous fait nous écrier avec le poète :

> Vous l'entendez, grands Dieux ! et vous ne tonnez pas !

Et maintenant que, par la communication de la précieuse promesse de Mme la Supérieure, et que, par le vœu qu'il vient de faire entendre, l'historien et le descripteur du couvent de Ste-Marie a pleinement terminé sa tâche, il n'a plus qu'à rentrer en lui-même, à fléchir le genou, et à rendre grâce à celle qu'il a invoquée en commençant ce travail, et qu'il invoque encore en le terminant. Qu'il lui soit donc permis de murmurer, la tête humblement courbée, ces paroles qu'il a précieusement recueillies sur l'une des murailles de la nef, et qu'il a annoncé qu'il s'approprierait ; qu'il puisse, disons-nous, laisser tomber ces paroles aux pieds de l'image de MARIE, qui daignera les accueillir avec un sourire maternel, il ose l'espérer, dans les cieux :

> *Visitatio tua custodiat spiritum meum !*

Puis, le bras chargé de notes, l'auteur, plongeant sa main dans le bénitier de la chapelle, se signe, ouvre la *belle et royale porte*, et redescend tout heureux la rude montée qu'il a escaladée pendant huit jours de suite, suant et soufflant sous les ardeurs du mois de juillet.

Le voilà parvenu à l'arc triomphal ; il se retourne, c'est

tout simple, et jugez de sa joie : l'inscription a reparu, l'inscription brille au centre de l'arc ; l'inscription, passée avec soin à une couleur imitant l'or, se lit facilement à une longue distance ! — « Il n'y a plus (se dit l'auteur avec
» un sourire de bonheur sur les lèvres), il n'y a plus que
» cette niche vide à meubler ; j'ai dit quelle statue la rem-
» plira, et par quel moyen nous obtiendrons la statue ; je
» n'ai plus qu'à dire à Dieu : Seigneur, faites que mon saint
» projet réussisse ! — *Amen.*

Nous n'y avons pas tenu ; nous avons voulu avoir, comme on dit, le cœur net au sujet de ce médaillon qui s'annonçait si altéré. Nous avons réclamé, puis réclamé encore, et enfin nous avons obtenu (ce qu'on ne nous avait pas refusé, du reste) que l'on déplaçât le confessionnal, pour que nous puissions nous assurer de l'état où se trouvait cette peinture. Nous revenons donc de remonter encore une fois, *après notre siège fait et décrit*, à Ste-Marie-d'en-Haut, et nous avons jeté un cri d'admiration en nous trouvant face à face avec le plus beau, et dans tous les cas, avec le plus important médaillon de la chapelle de Mmes les Ursulines. Décrivons-le sans retard, et sous l'impression toute fraîche que nous venons de ressentir à sa vue.

Ce médaillon, d'un bon tiers plus grand que les quatre autres que nous avons signalés à la voûte de la chapelle de la Ste-Vierge, représente le corps du Saint exposé sur un lit de parade à la vénération des fidèles dans le chœur de l'église d'Annecy. Deux groupes agenouillés sur le premier plan, en avant de la balustrade qui entoure le chœur, se partagent l'attention du spectateur. Dans le premier, qui est composé de sept personnes, on distingue deux femmes estropiées qui sont venues, appuyées sur leurs béquilles, demander leur guérison au saint évêque. Mais le personnage qui frappe le plus dans ce groupe, c'est un jeune possédé qui s'agite convulsivement sous l'étreinte du démon, entre les bras d'un homme, et qu'un prêtre exorcise. Celui-ci, le goupillon à la main et les yeux tournés avec confiance vers le corps du Saint, demande à l'illustre serviteur de Dieu de délivrer le pauvre enfant.

Le second groupe, qui n'est formé que de trois personnes, est encore plus émouvant. Deux hommes en riches habits de cour, et une femme tenant derrière eux un enfant mort qu'elle presse contre son sein, le composent. L'un de ces hommes, la main appuyée sur son cœur, et les yeux levés vers le ciel, semble ressentir les effets puissants de la grâce : cette figure tient du sublime. Huit religieux, assis dans des stales autour de l'abside de l'église, contemplent avec respect ou suivent de leur pensée au ciel le Bienheureux. Dans une chapelle latérale qui occupe le fond du médaillon, un prêtre à l'autel donne le pain de vie et d'immortalité au Saint agenouillé et défaillant à ses pieds. Cinq personnes entrent dans cette scène rétrospective. D'après ce qui reste de ce second tableau, cette scène devait être rendue avec un rare bonheur et beaucoup de vie ; mais hélas ! les têtes de l'officiant, du clerc, et, ce qu'il y a de plus déplorable, du Saint, sont écorchées, et vous êtes privé de l'effet du drame qui devait palpiter dans ces adieux à la terre du grand évêque de Genève. A partir de ce point, le médaillon est criblé d'écorchures ; mais heureusement le mal porte uniquement sur l'architecture de l'église, et il ne serait nullement difficile d'en retrouver les lignes.

En résumé, ce médaillon est peut-être la plus précieuse

et, comme nous l'avons dit, il est sans conteste la plus importante fresque de cette chapelle : expressions vraies et pathétiques, finesse de touche, bon effet de lumière, toutes les qualités du véritable artiste éclatent dans cette composition qu'il serait à souhaiter de voir traduire en une gravure.

Si l'on songe à toutes les difficultés que présentait cette œuvre ; si l'on fait, disons-nous, la part de l'enduit rugueux et grossier sur lequel le peintre a travaillé, et qui se refusait complètement aux délicatesses du pinceau, on sera confondu du moëlleux et du flou qui règnent dans cette fresque. Ainsi donc, voilà, dans cette seule chapelle de la Sainte-Vierge, cinq précieux médaillons qui seraient dignes, à eux seuls, de fixer l'attention des amateurs, et qui feraient, on peut le dire, la fortune d'un monument.

Combien donc n'avons-nous pas à nous applaudir d'avoir su être importun, d'avoir insisté, disons-nous, pour qu'on fit faire demi-tour à ce fâcheux confessionnal qui nous masquait cette intéressante page de la chapelle de Sainte-Marie, et qui va reprendre, à notre requête, l'humble place du publicain que nous occupions naguère au bas de cette nef auguste, d'où on n'aurait jamais dû le retirer. Grâces soient rendues, par les catholiques et par les artistes, à M. l'Aumônier actuel du couvent des Ursulines, qui comprend si bien l'honneur et la majesté de la maison de Dieu, la gloire et la grandeur du rare sanctuaire sur lequel il a l'heureuse mission de veiller ! Avec de tels prêtres, nous n'avons à craindre ni les mutilations, ni les badigeonnages, ni les suppressions, ni les additions maladroites dans nos temples.

Une réflexion en engendre souvent une autre, et l'admirable découverte que nous venons de faire derrière ce tribunal de pénitence, nous a lancé dans cette voie de reproduction spirituelle, dont nous prions nos lecteurs de ne pas trop s'alarmer : notre *genuit autem* n'ira pas à l'infini.... Il s'agit ici d'une seule réflexion qui a comme jailli de l'inspection du magnifique médaillon que nous venons de décrire. Nous avons dit, en parlant des fresques qui ornent les voûtes de la nef et du chœur de la chapelle du couvent de Ste-Marie, que nous n'osions pas nous prononcer immédiatement sur leur originalité, et que nous laissions à de plus habiles à décider si elles étaient des copies, ou non. Eh bien, maintenant que nous avons examiné les fresques de la petite chapelle de la Ste-Vierge, ces fresques à la fois naïves et grandioses, qui représentent, avec le fini de la miniature, les traits principaux de la vie de notre saint Patron, nous ne balançons pas à nous inscrire en faveur de l'originalité de toute cette grande œuvre picturale. En effet, les cinq médaillons qui viennent de nous occuper en dernier lieu, ne pouvant être, cela est évident, que la production instantanée et sans précédent dans ce genre, de l'artiste qui était chargé de glorifier, en quelque sorte sur l'heure, un saint que l'Église venait à peine de reconnaître ; et les peintures en question offrant les qualités éminentes que nous venons de spécifier, il s'ensuit irrésistiblement que les fresques qui décorent le pieux monument qui vient de nous retenir captif pendant de si longues et de si douces heures, peuvent et doivent être regardées comme une création, et non comme un emprunt fait à des maîtres.

Oui, ce précieux médaillon, dérobé jusqu'ici aux regards par un aveuglement lamentable, nous crie : « L'on ne copie pas, lorsqu'on peut créer de la sorte ! » Nous le remercions de nous avoir fourni un pareil argument : c'est un petit trait de lumière jeté dans notre modeste Notice ; c'est un petit rayon de vérité qui semblait devoir nous luire, à nous humble pèlerin d'Annecy, qui avons eu la joie de contempler de si près dans sa châsse, par une faveur particulière, le squelette vénérable du grand Saint, du grand homme, dont l'histoire vit sur les sacrées murailles où nos yeux viennent de se fixer.

Chose singulière, et qui nous touche profondément : c'est précisément la glorification de cette même dépouille sainte que nous avons vue intronisée avec tant de magnificence, par la main du catholicisme (1), dans la maison-mère de la Visitation, que nous venons de retrouver dans le couvent de Ste-Marie de Grenoble, derrière ce saint tribunal que nous ne nous accuserons jamais d'avoir fait déplacer !

---

(1) La châsse où repose le corps de St François de Sales, à Annecy, est d'une richesse et d'un goût remarquable ; elle est d'ébène massif et toute revêtue d'ornements en argent d'une délicatesse exquise : elle couronne splendidement le maître-autel du couvent-mère de la Visitation.

APPENDICE.

Notre travail nous paraîtrait incomplet et boiteux, si nous ne donnions la Liste des noms des vénérables Mères qui ont conduit dans la voie de la perfection les saintes filles de la Visitation qui ont vécu à Chalmont, et dont les vertus étaient un point de mire pour tout leur ordre. Quelques-unes de ces Supérieures eurent l'insigne honneur d'être rappelées à plusieurs reprises au commandement de cette communauté modèle. Nous en citerons trois, savoir :

Les Très honorées Mères BARBE-SÉRAPHIQUE DE LA CROIX CHEVRIÈRES ; — MARIE-ANGÉLIQUE GUÉRIN, — et MARIE-SUZANNE BRÉNIER, montées chacune trois fois sur le pavois spirituel de Ste-Marie-d'en-Haut ;

Viennent ensuite les Très honorées Mères ANNE-MARIE DE FRANCON ; — MARIE-HONORADE DE BELMONT, — et FRANÇOISE-GABRIELLE DE LA PORTE, qui obtiennent deux fois les suffrages de la sainte communauté.

La Très honorée Mère ANNE-FRANÇOISE DE GLÉZAT, dont le nom nous apparaît le premier, nous rappelle l'une de ces admirables jeunes filles comblées à la fois des dons de la nature et de la grâce, qui emportèrent d'assaut, comme nous l'avons consigné au commencement de cette Notice, la fondation de la quatrième maison de la Visitation. — Le portrait que nous fait de cette personne le *Document sur les fondations des deux Monastères de la Visitation de Grenoble* (car la ville basse possédait un autre couvent de cet ordre (1), ce qui nous explique le titre de Ste-Marie-d'en-Haut, désignation du monastère de Chalmont), le portrait de cette jeune héroïne, disons-nous, est digne de fixer notre attention. On peut dire qu'elle préludait dans le monde aux graves et augustes fonctions que le ciel lui réservait : sa prudence parfaite, sa sagesse consommée, la sûreté de son coup-d'œil et de son jugement lui avaient tellement attiré la confiance et la vénération de ses compagnes, que celles-ci l'avaient, d'un commun accord, choisie pour Mentor et pour directrice dans les cercles brillants que leur position les forçait de fréquenter.

Le grand mérite de Mlle de Glézat était tellement reconnu, et offrait une telle garantie, que « lorsque les Dames
» de première qualité ne pouvaient (dit le Document cité
» plus haut) accompagner leurs filles dans quelque partie
» de plaisir extraordinaire, elles les confiaient à Mlle de
» Glézat, persuadées par l'expérience que tout irait dans
» l'ordre, tant qu'elles seraient sous ses yeux. »

La direction de St François de Sales, sous laquelle cette énergique fille se remit, acheva de perfectionner les qua-

---

(1) Ce couvent, qui est situé au bout de la rue Très-Cloîtres, a aussi échappé au marteau des septembriseurs ; l'État s'en est emparé et l'a transformé en un dépôt d'artillerie. Des canons sont remisés dans sa chapelle, laquelle, coupée en deux horizontalement par un plancher qu'on a assis sur la corniche de l'édifice, contient en outre, à cet étage improvisé, un formidable approvisionnement de sabres. — La fondation de ce couvent eut lieu peu après celle du monastère de Ste-Marie-d'en-Haut. Nous nous promettons, si Dieu nous accorde vie, de parler plus tard de cette autre fondation, qui offre aussi beaucoup d'intérêt.

lités éminentes de cette âme d'élite, et une Sainte de plus fut assurée au ciel.

La Très honorée Mère MARIE-CATHERINE BRESSANT, l'une des premières Supérieures du couvent de Ste-Marie-d'en-Haut, comme on peut le voir, mérite aussi une particulière mention :

« C'était (dit le Document manuscrit dont nous tirons ces
» lignes) une des plus saintes religieuses de l'ordre. Elle
» possédait la confiance de notre sainte Mère de Chantal, et
» on lui attribuait des guérisons miraculeuses. »

Enfin, la Liste des Dignitaires célestes, dont nous extrayons ces noms particulièrement vénérés, est close par un nom qui est, parmi nous, synonyme de charité et de bienfaisance : le nom de la Très honorée Mère MARIE-FÉLICITÉ DE MURINAIS termine ce livre d'or du monastère de Ste-Marie-d'en-Haut.

NOMS

DES SUPÉRIEURES QUI ONT GOUVERNÉ LA COMMUNAUTÉ
DE SAINTE-MARIE-D'EN-HAUT.

1636. — La Très honorée Mère Anne-Françoise de Glézat.
1642. — La T. h. Mère Anne-Catherine de Sautereau.
1653. — La T. h. Mère Barbe-Séraphique de la Croix-Chevrières.
1656. — La T. h. Mère Marie-Constance Bressant.
1662. — La T. h. Mère Barbe-Séraphique de la Croix-Chevrières.
1668. — La T. h. Mère Marie-Angélique Guérin.
1671. — La T. h. Mère Barbe-Séraphique de la Croix-Chevrières.

167.. — La T. h. Mère Marie-Angélique Guérin.
1680. — La T. h. Mère Anne-Marie de Francon.
1686. — La T. h. Mère Marie-Angélique Guérin.
1692. — La T. h. Mère Anne-Marie de Francon.
1698. — La T. h. Mère Marie-Suzanne Brénier.
1704. — La T. h. Mère Marie-Clotilde de Chaulnes.
1706. — La T. h. Mère Marie-Suzanne Brénier.
1713. — La T. h. Mère Marie-Honorade de Belmont.
1719. — La T. h. Mère Louise-Angélique de Belmont.
1722. — La T. h. Mère Marie-Honorade de Belmont.
1728. — La T. h. Mère Marie-Suzanne Brénier.
1734. — La T. h. Mère Marie-Catherine de St-Marcel.
1740. — La T. h. Mère Jeanne-Gabrielle de la Croix.
1746. — La T. h. Mère Françoise-Gabrielle de la Porte.
1752. — La T. h. Mère Catherine-Thérèse de St-André.
1758. — La T. h. Mère Françoise-Gabrielle de la Porte.
1764. — La T. h. Mère Marie-Elisabeth de Ponnat.
1776. — La T. h. Mère Marie-Félicité de Murinais.

ORIGINE, POSE ET BÉNÉDICTION

DE LA STATUE DE

Sᵀ FRANÇOIS DE SALES.

J'avais à cœur de remplir la promesse que j'ai faite à la fin de ma Notice, d'élever à mon vénéré Patron une statue dans la niche vide du portail de Sainte-Marie. Cette statue, elle était en quelque sorte réclamée par l'inscription qui est appendue à l'arc de ce monument, et dont personne naguère ne soupçonnait l'existence !

Oui, j'avais tout-à-fait à cœur de remplir cette promesse, et de combler la douloureuse lacune que je viens de dire, et qui rappelait à ma mémoire des temps si néfastes ! Aussi je répétais souvent au fond de mon cœur ces mots qui terminent mon Opuscule : « Faites, Seigneur, que mon saint projet réussisse ! »

Je ne me bornai pas toutefois à cette aspiration, et, pendant trois ans, je cherchai le sculpteur des mains duquel devait sortir ma statue réparatrice. Les grandes réputations d'artiste se paient, comme on sait, *grandement*, et je n'entrevoyais pas même comment je pourrais payer un artiste sans réputation. Une démarche infructueuse tentée à ce sujet auprès d'une de nos célébrités, m'avait complètement découragé, et j'avais presque abandonné mon projet d'homme *arriéré*, comme pourrait m'appeler en cette occasion tel ami du progrès, souscripteur, au besoin, de la statue de Machiavel, lorsqu'une circonstance singulière vint m'éclairer sur mes moyens de réussite, et me montrer du doigt l'artiste providentiel que j'étais évidemment réduit à attendre.

L'École professionnelle, à qui les Dames Ursulines avaient cédé leur ancien couvent, réclama à celles-ci, comme lui appartenant d'après l'acte de cession, la belle statue de la Vierge dont j'ai parlé au commencement de cette Notice, et qui avait suivi, dans leur migration à Chalmont, ces respectables institutrices. La statue fut restituée sans conteste, mais non sans chagrin. L'autel de la Ste-Vierge, de la curieuse et riche chapelle du couvent de Ste-Marie, se trouvait ainsi dépouillé de son principal ornement, et je fus prié par les nouvelles hôtesses de ce saint lieu, de leur procurer une autre effigie de la toute sainte qui pût remplacer convenablement celle qu'il avait fallu rendre. Grand embarras de ma part pour atteindre ce but. A quel imagier m'adresser? Comment combler le vide énorme qui venait de se faire dans la chapelle des Dames Ursulines? Où trouver le Jean Goujon, même de second ordre, qui pourrait, par son habile ciseau, consoler ces Dames de leur mésaventure?

Ce fut au milieu de cette perplexité, dont je m'étais bien gardé néanmoins de refuser le poids, qu'un artiste inconnu, sur le bruit qui lui était parvenu de ma recherche d'un statuaire, se présenta chez moi.—Un front qui décelait dès l'abord une fibre artistique puissante, me donna de suite confiance dans l'individu en question; un modèle réduit de la statue que je demandais, et qui devait rappeler le plus possible la belle statue de l'École professionnelle, exécuté du soir au matin avec une rare facilité et élégance par mon inconnu, me donna foi tout-à-fait dans le savoir-faire de celui-ci, et j'embarquai résolument mon œuvre dans la barque de M. Ferdinand Rostaing, qui allait exécuter, pour la première fois de sa vie, une statue de grandeur naturelle.

Je regrette que la modestie de cet artiste-né ne me permette pas de donner ici une autre petite Notice qui le concernerait ; j'éprouverais un vif plaisir à raconter les diverses phases de cette vie d'artiste, si traversée de difficultés et de peines ; j'aimerais à signaler les premiers pas de cette intelligence d'élite qui s'est élevée d'elle-même, et à suivre dans ses coups d'essai de dessinateur enfantin, le jeune Rostaing, s'efforçant de reproduire, à l'aide d'un crayon-Conté dont il savourait le parfum, et qu'il plaçait, comme faisait Alexandre pour les œuvres d'Homère, sous son traversin la nuit, les caractères d'imprimerie qui séduisaient le plus ses yeux, et méritant par ses habiles copies le surnom de *petit Baratier*, nom d'un honorable typographe bien connu de notre ville et de tout le département. Mais le *petit Baratier*, devenu sculpteur tout de bon, n'a pas, Dieu merci, terminé sa carrière. — Il ne s'agit pas ici d'un article nécrologique, et nous nous bornons à dire que si une juste célébrité a commencé à entourer le nom de *Ferdinand Rostaing*, c'est que les dons naturels ont été accrus et fortifiés, dans cet intéressant artiste, par les bénédictions d'une mère : M. Rostaing est un bon fils.

Je reviens à la statue commandée à mon sculpteur inconnu. — Au bout de trois semaines, celui-ci (nous savons maintenant son nom) avait sculpté et doré une fort belle statue de la Ste-Vierge, ayant un fort grand air, et drapée de manière à contenter les plus difficiles amateurs ; un charmant Enfant Jésus, vrai *Jesus amabilis*, trônant sur le bras gauche de la majestueuse Reine du ciel, complétait le mérite de la statue, qui devenait ainsi un groupe important, attirant à la fois le respect et la tendresse.

Cette œuvre remarquable fut saluée avec bonheur par les Dames Ursulines, qui, réunies derrière les grilles du grand parloir, avaient voulu contempler librement, à son arrivée dans le couvent, cette statue destinée à orner un autel de leur église, statue que, sans cet expédient, la clôture ne leur aurait pas permis de voir et d'apprécier.

La prodigieuse réussite par laquelle M. Rostaing venait de signaler son habileté, me ramena, comme on dit vulgairement, à mes moutons. Je repris mon projet abandonné, de glorifier le portail de Sainte-Marie par une statue de St François de Sales ; et, sans plus tarder, j'abordai cette question auprès de mon statuaire providentiel, que j'avais enfin rencontré :

— Vous chargeriez-vous, dis-je à ma nouvelle connaissance, de me faire une statue de St François de Sales ?

— J'essaierai, Monsieur.

— Vous la ferez sans doute en bois ?

— Nous pourrions la faire en ciment.

— En ciment ! Mais, avez-vous déjà exécuté de semblables travaux ?

— Jamais, Monsieur ; mais, avec l'aide de Dieu, on fait beaucoup de choses, et, appuyé sur cette aide, j'espère remplir vos vues.

— Eh bien ! va pour une statue en ciment, et l'aide de Dieu ! répliquai-je.

Le prix de la statue, les accessoires qui devaient accompagner celle-ci, l'époque de la pose, furent arrêtés ; et moi, usant aussitôt de la plume de *réclamiste*, dans le *Courrier de l'Isère*, et saisissant courageusement la bourse de Frère-quêteur, que je me mis à tendre à tout venant, je commençai ma course vers le but que je m'étais proposé.

La question d'argent fut bientôt résolue ; la souscription pour l'érection d'une statue à St François de Sales ne fut bientôt plus un *mythe*, et la liste ouverte à cet effet fut en un instant remplie et couverte de noms sortis de tous les rangs de la société : je puis dire avec bonheur que mon inspiration rencontra une sympathie générale, et que j'aurais pu doubler, s'il y en avait eu besoin, le nombre des souscripteurs.... — Il ne restait donc plus qu'à exécuter la statue, et cela dans un bref délai, car le congrès scientifique de France devait se réunir à Grenoble dans six semaines, et je tenais à ce que le portail de Ste-Marie, précieuse relique du passé, pût être offert en état aux membres de cette imposante assemblée.

M. Rostaing, dont l'activité fabuleuse s'était signalée dans l'exécution de la statue de la Ste-Vierge, me promit qu'il serait prêt pour l'époque indiquée, et je le crus ; je le crus, parce que je l'avais vu à l'œuvre, et que son regard et son accent m'avaient dit de croire à sa parole. Il ne me trompa point, en effet, dans mon attente ; et malgré les conditions lamentables où il se trouvait placé pour exécuter une œuvre pareille, en dépit de l'exiguïté du local où il avait établi son double atelier de peintre et de sculpteur, et qui mesurait à peine quatre mètres de long et trois de large environ, local encombré de toutes sortes d'outils et d'ustensiles, qu'il fallait transformer, aux heures des repas, en salle à manger pour l'artiste et sa famille, malgré toutes ces difficultés exorbitantes, nous pourrions dire toutes ces impossibilités, la belle et noble statue qui décore à présent le portail de Ste-Marie, fut exécutée dans l'espace de six semaines !

La pose eut lieu le 31 août 1857. Elle offrait, vu le poids de la statue, l'extension entière d'un des bras, et les diverses saillies des accessoires, d'assez graves difficultés ; mais, grâces aux précautions intelligentes que l'entrepreneur, M. Reynère, avait prises, aucun accident n'eut lieu, et la statue arriva à bon port dans la niche du portail, à la grande satisfaction des nombreux curieux qui étaient accourus pour voir cette ascension périlleuse, et qui purent jouir, pendant un rapide instant, du bel effet que produisait, à cette hauteur, l'œuvre improvisée de mon improvisé statuaire ! Une ample couverture déroba de suite la statue aux regards du public, et les Dames Ursulines se hâtèrent de terminer les guirlandes qui devaient parer le portail pour la cérémonie de la Bénédiction, fixée au lendemain matin, et à laquelle la présence de M. l'abbé Chambon, grand-vicaire, devait donner un caractère solennel.

Peu de temps après la pose si heureusement effectuée de la statue, le portail de Ste-Marie présentait, grâce au talent du peintre, que M. Rostaing cumule (sans compter les autres) avec celui de sculpteur, un aspect de fête vraiment grandiose.

L'attique qui dépasse la niche et qui forme mur de clôture, était couronnée d'un large médaillon où brillait, sur un fond rouge antique, et enfermé dans une épaisse bordure de buis, le chiffre d'or de St-François de Sales ; deux S de verdure entrecoupées de bouquets de fleurs, formaient supports au saint monogramme ; puis, sur le plat de l'attique, dont la corniche était marquée par une longue série de festons rapprochés et formant draperie, pendaient deux autres médaillons disposés de même que le premier, moins les supports, et d'une plus grande dimension. Deux mots tracés en lettres d'or y rappelaient le caractère de la sainteté, et, pour ainsi dire, toute la vie du grand évêque de Genève : sur l'un, on lisait *caritas*, et sur l'autre, *suavitas*; l'entablement, la pierre de l'inscription et ses deux consoles, les jambages et l'arcade du portail, étaient dessinés par des guirlandes de buis du plus beau vert, qui donnaient au monument un aspect triomphal.

Et effectivement, c'était bien le triomphe de St François de Sales que les catholiques de Grenoble préparaient pour le lendemain, et non celui d'une déité antique, ainsi que se l'était naïvement imaginé un bel-esprit de la ville, qui mérite ici une place. Celui-ci, me voyant présider à la translation de la statue du Saint, et pensant que le Conservateur du Musée d'archéologie (je l'étais alors) ne pouvait songer à glorifier que certaines choses romaines, m'aborda d'un air radieux et me dit : « C'est la statue de Cularo, n'est-ce pas, » Monsieur, que vous allez introniser à Chalmont? » — Pauvre homme! qui se figurait bonnement que nous dépensions tant d'efforts et tant de sueur pour ériger sur cette hauteur sacrée une statue symbolique! — Non, non, ce n'était pas une idole muette que nous apportions là; mais l'effigie protectrice d'un des plus grands saints qu'honore l'Église; mais un paratonnerre pour la cité de Gratien, que nous désirions voir transformer, par l'intercession du grand St François de Sales, en une ville pleine de grâces!

Le temps souriait à notre fête catholique. Pur et sans nuages le jour de la pose de la statue, il se montra plus radieux encore le lendemain, et il assurait dès l'aurore à la cérémonie de la Bénédiction une de ces journées splendides où tout paraît bonheur et joie sur la terre!

La porte de l'église du couvent était assiégée dès six heures du matin, et une heure après il eût été impossible de trouver place dans l'intérieur ; le chœur lui-même était envahi par quelques privilégiés, et l'on pouvait dire de l'assemblée qu'elle était complète et très brillante.

A sept heures et demie, M. le Grand-vicaire, exact comme un roi, était au pied de l'autel ; la messe commençait. Après l'Évangile, M. le curé de Saint-André, dont la juridiction spirituelle s'étend jusqu'aux portes du couvent de Ste-Marie, et qui, à ce titre, était convoqué avec son clergé pour la cérémonie, monta en chaire, et releva, avec beaucoup de tact et d'élégance, dans un discours d'une nerveuse concision, l'importance de l'œuvre qui allait bientôt recevoir la consécration de l'Église. Des chants habilement exécutés par les religieuses, et dont une très belle voix entre autres était l'interprète tout-à-fait céleste, succédèrent à l'élégant discours de M. le curé de St-André, et la messe s'acheva au milieu d'un recueillement saisissant.

Le saint-sacrifice terminé, l'officiant, accompagné de M. l'Aumônier du couvent et du clergé de St-André, se dirigea, suivi des nombreux assistants et d'un grand concours de peuple qui encombrait la longue pente de Chalmont, vers le portail du couvent qui s'élève à la naissance de celle-ci.

L'unique espoir des riches et des pauvres, la Croix, suprême mobile de toutes les saintes œuvres, et souvent leur accompagnement obligé, ouvrait la marche, portée par un enfant de chœur en robe rouge ; aux deux côtés de celui-ci marchaient, vêtus de même, deux autres choristes tenant de riches flambeaux qui réalisaient en ce moment, pour la pensée, l'heureuse inversion de la fameuse devise : *Post tenebras lux!* Le reste de la maîtrise de St-André formait la haie ; puis M. Vicaire-général, les épaules couvertes d'une magnifique chape, s'avançait, enveloppé des flots un peu tumultueux, mais respectueux néanmoins, de la foule, qui formait comme une cascade de têtes humaines sur la pente abrupte et fortement plongeante de Chalmont, laquelle, depuis la pose de la première pierre du couvent de Ste-Marie, sous les yeux même du Saint dont l'Eglise allait sanctifier l'image, c'est-à-dire depuis 238 ans, n'avait certainement pas été foulée par les pieds d'une semblable multitude. Le chant des Litanies des Saints s'élevait dans les airs avec les fumées de l'encens, et un soleil d'août, plutôt que de septembre, ruisselait sur le cortége.

Vue de l'autre côté du portail, l'arrivée de cette procession si animée, et qui semblait descendre du ciel, avait quelque chose d'infiniment impressionnant et pittoresque. Le moment où M. le Grand-vicaire déboucha sous l'arcade fut un moment critique : c'était à qui se trouverait placé plus près de lui pour le voir bénir la statue, et jouir du charmant spectacle qu'offrait le monument décoré de la façon que nous avons dit. C'était surtout sur le voile impénétrable qui dérobait la statue aux regards, que tous les yeux étaient fixés. Aussi, lorsque le désordre momentané que je viens de signaler fut passé, et que le Grand-vicaire, arrêté au milieu de l'arcade et lui faisant face, on vit l'auteur de la statue, M. Rostaing, s'élever sur les échelons de la haute échelle qui avait été appliquée contre le portail, et atteindre, pour l'enlever, la draperie qui enveloppait son œuvre, il se fit dans la foule un silence solennel, que l'émotion de l'artiste rendit plus poignante encore.

Le voile est enlevé dextrement par M. Rostaing ; la statue apparaît tout entière ; une flatteuse rumeur s'élève du flot de monde qui est arrêté devant l'arcade, et M. le Grand-vicaire lui-même, frappé de la plus agréable surprise, ne peut s'empêcher de témoigner sa satisfaction par un léger mouvement de la tête et de la main. — L'artiste a reçu mieux que ses honoraires ; son saint François de Sales fait incliner toutes les têtes ; un sculpteur, hier encore inconnu, est révélé à Grenoble : son nom circule de bouche en bouche.

C'en est fait, la statue est bénite ; le magnifique *Oremus* qui termine cette cérémonie est prononcé, et le cortége se remet pieusement en marche... (marche ascendante maintenant) vers l'église, où la solennité sera terminée par la bénédiction du St-Sacrement. Tout-à-l'heure, semblable à l'Église militante, il descendait péniblement la rude pente de Chalmont sur laquelle il paraissait s'affaisser et s'anéantir..., et maintenant, semblable à l'Église triomphante, il remontait en chantant avec élan vers la demeure du Seigneur, qui revendiquait en quelque sorte sa victoire, et où il allait recevoir, de la main même de son Dieu, le prix de sa lutte et de ses efforts ! Ce contraste était frappant pour des esprits poétiques.... voire même réfléchis : il dut être remarqué par bien du monde.

La fête religieuse n'avait rien laissé à désirer. Un aimable banquet, préparé dans le grand parloir du couvent pour les membres du clergé assistant à la cérémonie et quelques amis de la sainte Maison, parmi lesquels on avait compris l'intelligent auteur de la statue de St François de Sales, Ferdinand Rostaing, heureux et fier d'une pareille invitation, termina cette fête de famille.

C'en était bien une, en effet ; la joie répandue sur tous les visages disait quel était le contentement des cœurs, et l'on entendait de tous côtés dans la foule des mots qui don-

STᵉ MARIE D'EN HAUT (GRENOBLE).

PORTAIL DU COUVENT DE Sᵗᵉ MARIE.

naient l'heureuse mesure des sentiments religieux de la population grenobloise.

Le portail de Ste-Marie, à qui l'on se proposait de conserver jusqu'au lendemain sa riche et fraîche décoration, devait en outre être splendidement illuminé le soir ; de grands préparatifs avaient été faits à ce sujet, et toute la population de Chalmont, fière de sa belle et sainte statue, se réjouissait d'avance de ce brillant spectacle. Mais, à la tombé de la nuit, le ciel, qui avait été jusque-là magnifique, se couvrit subitement, et un orage épouvantable, accompagné d'un ouragan furieux, éclata sur Grenoble : inutile de dire que l'illumination n'eut pas lieu, et que toute la décoration du portail fut saccagée.

Mais que nous importait cette rage évidente du démon ? L'effigie de St François de Sales n'en meublait pas moins, solide comme un roc (1), la niche du portail de Ste-Marie-d'en-Haut, et planait désormais, comme une réparation du passé et une espérance d'avenir, sur la ville de Grenoble, qui compte parmi ses plus chères gloires celle de pouvoir mettre ce grand Saint au nombre de ses Apôtres et de ses protecteurs.

Nous ne terminerons pas ce récit sans faire ressortir deux circonstances bien remarquables qui se présentent dans

---

(1) Nous sommes heureux de constater ici que, depuis cinq ans que cette statue est exposée au plus rudes coups du soleil et de la gelée, elle n'a pas subi la plus légère altération. Voilà un argument victorieux en faveur de la solidité et de la résistance du ciment romain de la porte de France. Il est démontré que lorsque cette matière est en contact habituel avec l'humidité, elle acquiert un degré de dureté qui la rend vraiment inexpugnable : sous ce rapport, la statue de St François de Sales est on ne peut mieux posée ; elle regarde, sans rien qui l'abrite, la grande chaîne des Alpes, et est abondamment et fréquemment lavée par les pluies.

l'histoire de la restauration de notre cher portail de Ste-Marie, et que nous présenterons sous forme d'interrogation.

Qui nous a procuré le statuaire à qui nous avons confié l'exécution de la statue que l'Eglise bénissait tout-à-l'heure avec tant d'amour ? — Evidemment c'est la Ste-Vierge elle même, dont St François de Sales fut le serviteur si dévot et si fervent : car, sans la première statue dont nous avons raconté la substitution, et qui nous dévoila le talent hors ligne de M. Rostaing, nous n'aurions peut-être jamais eu la seconde.

Enfin, qui se chargeait, plus habile que nous, et tout-à-fait à son insu, de donner à notre réclame dans le *Courrier de l'Isère*, toute sa valeur et toute sa puissance ? — C'était un admirateur anonyme de notre bien-aimé Saint ; lequel venait, par une bien singulière permission de Dieu, d'insérer, dans le journal que nous venons de citer, une série d'intéressants articles sur le génie, les vertus et les œuvres du grand Evêque de Genève, au moment même où, de notre côté, poussé par une inspiration d'en haut, et plein d'amour pour ce grand Saint, nous avions l'audace de ménager à notre vénéré patron le triomphe que nous venons de si pauvrement raconter.

Nous sommes heureux de terminer ce récit en constatant cette providentielle coïncidence : ce sera comme une auréole placée autour de la tête de notre Saint de prédilection.

PREMIÈRE VISITE
A L'INTÉRIEUR DU COUVENT, MANQUÉE.

SECONDE VISITE
PLUS HEUREUSE.

DESCRIPTION DES LIEUX.

Qui n'a envié ces heureux et audacieux voyageurs qui sont parvenus, à l'aide d'une grande barbe et d'un vêtement oriental, à s'introduire dans la mosquée de Sainte-Sophie ou dans le temple de la Mecque, et ont réussi à dérober, en quelque sorte, les secrets et les mystères de ces sanctuaires musulmans gardés par le plus ombrageux fanatisme? Qui n'a pas désiré enfin voir et toucher de ses mains, en tant que fils ou fille d'Eve, les lieux ou les objets qu'environne un grand prestige, et qu'un respect jaloux soustrait aux yeux des profanes? L'intérieur du couvent de Sainte-Marie, prôné comme une curiosité par quelques heureux privilégiés (où ne s'en trouve-t-il pas?) qui l'avaient pu visiter le jour de la prise de possession par les Dames Ursulines, était du nombre de ces lieux interdits; il était inaccessible aux regards des mondains, et par conséquent, il m'était bien difficile de ne pas subir l'attraction que le fruit défendu, hélas! produit sur chacun de nous.

L'extérieur piquant des bâtiments du Monastère, sa position entre ciel et terre, la longue revue qu'il m'avait été permis de faire des richesses d'art renfermées dans son église me faisaient vivement désirer, je l'avoue, de pénétrer dans cette auguste enceinte toute parfumée du souvenir de St-François de Sales et de Ste-Chantal ; mais, tel grand que fût mon désir à ce sujet, la délicatesse me défendait, par cela même que j'avais rendu un service important au couvent, de le manifester. Aussi, n'avais-je pas ouvert la bouche sur ce désir à Mme la Supérieure, quoique la parfaite bienveillance de celle-ci m'eût plus d'une fois mis à même de le formuler.

Il paraît, toutefois, que ma pensée avait transpercé, ou plutôt avait été devinée, car, deux ans après l'intronisation de la statue de St-François de Sales, une forte indisposition simultanée de mes deux filles m'ayant ouvert la porte du cloître, je pus, au moment où je m'y attendais le moins, parcourir l'intérieur du monastère, ma qualité de père, à qui je devais cette introduction, ne devait m'ouvrir que les portes de l'infirmerie où je venais de pénétrer avec une profonde anxiété ; mais Mme la Supérieure, qui avait voulu faire diversion à ma peine, avait demandé, en secret, à Mgr l'Evêque, l'autorisation de me faire voir la maison, autorisation indispensable qui avait été gracieusement accordée, et la faveur énorme que j'avais si souvent ambitionnée dans mon for intérieur me fut tout-à-coup offerte.... Il m'était impossible de ne pas l'accepter. Mais, disons-le, cette visite si intéressante fut manquée. Le printemps, qui régnait alors, était aigre et revêche, il pleuvait, il faisait froid et, d'ailleurs, mon cœur était demeuré à l'infirmerie près du lit de mes enfants malades, et mes yeux ne voyaient qu'à demi !

Une seconde visite dans l'intérieur du couvent devenait donc nécessaire si je voulais entreprendre cette description avec quelque clarté : j'ai osé, trois ans après, présenter cette requête à une nouvelle supérieure, qui ne le cède en rien en bonté à la première, et le consentement d'un grand vicaire ayant suppléé à celui de Mgr l'Évêque, alors absent, la porte du couvent, cette porte qui ne s'ouvre aux parents, comme on l'a vu, que dans un cas douloureux, celui de la maladie de leurs enfants, s'ouvrit, ce jour là, joyeusement pour ma femme et pour moi, qui revenions au printemps, cette fois il souriait dans toute sa bénignité à la terre, nous replonger dans l'atmosphère de paix et de sainteté qui règne dans le cloître des Ursulines. Une circonstance touchante donnait encore plus de prix à cette visite ; nous étions accompagnés de ma fille aînée, qui était, il y a peu de temps encore, l'heureuse habitante de cette sainte demeure, et qui ne pouvait pas ne pas être saisie d'une grande émotion, en se retrouvant sur le seuil de ce monastère, seuil en quelque sorte de sa première communion ! — La porte de l'intérieur était à peine ouverte, qu'une pensionnaire se jetait toute essoufflée dans nos bras, et complétait l'épanouissement de nos cœurs par sa présence inespérée. Aimable surprise que Mme la Supérieure, qui est bien véritablement une Mère, avait ménagée à notre tendresse. La mise en scène ainsi expliquée, je procède sans retard à la description de l'intérieur du couvent de Ste-Marie.

La porte qui donne entrée dans l'intérieur du couvent est fort étroite ; on dirait qu'elle est avare de restituer les chères âmes pour qui elle s'ouvre, et qu'elle a peur de les rendre au monde. Un petit guichet grillé et voilé, à travers lequel on expose ses demandes à la religieuse qui remplit, à tour de rôle, l'office de portière, est percé à hauteur d'homme dans cette humble porte. — Que d'angoisseuses et joyeuses voix ont traversé ce guichet, soit pour savoir des nouvelles d'un enfant dont la santé ou la sagesse défaillait, soit pour demander au parloir, le jeudi, une jeune fille venant rouge, les yeux brillants, et à pas discrètement précipités, se jeter au cou de sa mère! La porte dont je viens de parler ne s'ouvre pas même toute grande lorsqu'elle s'ouvre; une main invisible la tient entrebâillée, et la chère enfant qu'on a demandée au guichet, semblable à un oiseau qui traverse les barreaux complaisants de sa cage, s'échappe, comme furtivement, par cette fente presque insuffisante. Ajoutez à ces allures mystérieuses la sonnerie presque continue de timbres qui résonnent à l'intérieur pour appeler, avec leurs voix argentines, les religieuses à leurs diverses fonctions, et vous avouerez que l'abord du cloître des Dames Ursulines est grave et solennel. Cependant, quand cette porte sérieuse se fut ouverte, à notre demande, devant nous trois, les timbres retentissaient de plus belle en ce moment à cause de notre arrivée, nous n'eûmes pas peur, et néanmoins, un spectacle assez imposant s'offrait à nos regards : une partie de la communauté était rassemblée dans le vestibule et nous recevait avec des voiles très baissés.... il faut ajouter avec des bouches très souriantes et des regards très affectueux ; mais malgré ce rassurant accompagnement, l'on se sentait en présence des épouses du Roi des rois, et si cet accueil provoquait l'abandon, il enjoignait encore plus le respect.

Mon carnet en main, je me disposai aussitôt à prendre des notes. Les premières s'adressent à ces quatre poignées de bois ajustées à des ressorts qui ouvrent en dedans du vestibule et comme par magie les portes des différents parloirs. Ce vestibule, fort modeste et presque nu, reçoit son unique ornementation d'une inscription en grosses lettres qui entoure la porte en forme d'arcade; cette inscription n'est autre que l'invocation si répandue : *Marie, conçue sans péché, priez nous, qui avons recours à vous*. Cet appel à la protection de la sainte Mère de Dieu prend ici un caractère émouvant ; elle semble résumer toutes les sollicitudes maternelles des Dames Ursulines pour les chères enfants qui leur sont confiées, et dont elles ont promis à Dieu d'être les Mères et les bons Anges.

Après le vestibule, qui est très clair, vient une espèce de petit tambour très sombre, formant couloir à gauche, et à travers lequel l'œil plonge dans un profondeur lumineuse : on dirait une tentation de découragement et de tristesse se mettant en travers d'une vocation sainte, et cherchant à l'arrêter dès son début par des considérations lugubres. Ce court et triste passage est bientôt traversé, et l'on débouche dans un radieux cloître, espèce d'atrium antique, inégalement éclairé malheureusement par des baies de structure différente.

La partie antique, contemporaine de St François de Sales, est percée du côté extérieur de petites fenêtres assez étroites ; deux pans du cloître retiennent ce style primitif, qui avait l'inconvénient de laisser passer peu de jour et peu d'air ; les deux autres côtés présentent une série de larges arcades plein-cintre pratiquées dans les anciens murs par les Dames du Sacré-Cœur, qui avaient l'intention de poursuivre cette amélioration, si, comme nous l'avons vu, elles n'avaient pas été forcées, par le jeu de la mine du génie, d'abandonner le couvent de Ste-Marie, gravement exposé par ces travaux militaires. Tout en regrettant que ces Dames aient cru devoir changer le style du cloître de leur vénérable couvent, nous ne pouvons nous empêcher, la salubrité à part, d'applaudir à l'effet majestueux et riant tout à la fois que l'innovation des arcades produit dans la partie du cloître où celles-ci ont été pratiquées ; de cette façon, on peut jouir pleinement dans deux endroits de la vue du jardin pittoresque que le cloître enferme dans son austère quadrilatère. Ce jardin, dont le sol est exhaussé de plusieurs pieds, et auquel un petit escalier conduit, est scindé en quatre plates-bandes, et forme par conséquent la croix. Une haute et large croix de pierre, entée sur un socle carré, et d'une fraîcheur de teinte qui la ferait croire neuve si les joints un peu écartés n'indiquaient le contraire, détermine le centre, et brille là comme un trophée dans une espèce d'Éden recouvré. L'utile et l'agréable se partagent les plates-bandes ; taillées en biseau et formant talus du côté du cloître, afin de faciliter l'écoulement des eaux, ces plates-bandes sont entièrement tapissées sur leurs pentes de fraisiers vigoureux dont la puissante verdure, égalant la couleur de l'émeraude, se couvre au printemps d'une multitude de fleurs, et s'anime de mille et mille étoiles d'une blancheur éclatante et virginale : on dirait une fine guipure enveloppant la terre bénie d'un autre Campo-Santo (1). Deux citernes parallèles, à l'arceau de fer sévère et à la margelle toute lisse, rappellent, des deux côtés de la porte principale qui mène au jardin, le puits de Jacob, et surtout le puits de la Samaritaine. Cette dernière ressemblance nous fait songer, en passant, qu'ici le don de Dieu n'est pas inconnu : on le reçoit et on le goûte sans cesse !

Enfin, pour compléter la singularité de cette vue intérieure du cloître, les hauteurs de Rabot, meublées de leurs blancs bastions collés au flanc vert de la montagne, culminent au-dessus des toits rougeâtres du couvent, sur lesquels elles semblent presque assises. Jamais l'image de la

---

(1) Souvenir de celui de Pise.

Ste MARIE D'EN HAUT (GRENOBLE).

guerre n'a contrasté d'une manière plus étrange et plus intime avec celle de la paix ! On conçoit que les Dames du Sacré-Cœur aient fui devant cette nouvelle épée de Damoclès qu'on suspendait si bruyamment sur leurs têtes !

En résumé, l'aspect étrange du cloître du couvent de Sainte-Marie rappelle de suite, à celui qui a visité l'Orient, quelques-uns de ces antiques monastères gréco-latins où différents styles d'architecture sont employés et confondus. Cette illusion peut devenir complète, si tout-à-coup, débouchant sous ses arceaux séculaires, une figure de négresse vient à apparaître. — De négresse, dites-vous ? Et où prendrez-vous cette précieuse figure ? — Dans le cloître même de Ste-Marie. Tenez, en voici une qui le traverse, puis une seconde..... Voilà les deux seuls personnages que l'Afrique puisse fournir en ce moment à mon tableau ; mais patience, le P. Olivieri (1) amènera peut-être ici, au

---

(1) L'abbé Olivieri, prêtre génois, fonda, il y a quinze ans, l'œuvre admirable du rachat des jeunes nègres, qu'il va acheter aux marchés du Caire ou d'Alexandrie. Il a déjà eu le bonheur d'arracher au double esclavage du démon et des hommes plus de cent petites filles mauresques, de l'âge de cinq à six ans, qu'il a placées dans des couvents d'Italie, d'Allemagne et surtout de France. Ces enfants répondent presque toutes, de la manière la plus satisfaisante, aux vues de Dieu et du bon abbé Olivieri ; elles se montrent empressées à connaître les vérités de notre sainte Religion, et n'entendent pas sans une vive émotion le récit de la passion de Notre Seigneur Jésus-Christ ; quelques-unes d'entre elles, après l'avoir entendu, s'écrièrent, le visage baigné de larmes (nous reproduisons leur naïf langage) : — « O Dieu bon, beaucoup bon ! nous vouloir aussi » être bonnes, beaucoup bonnes ; nous vouloir beaucoup l'aimer et beau- » coup souffrir pour lui. » — En effet, ces pauvres enfants, après avoir reçu le baptême et fait leur première communion, deviennent, en général, si pieuses et si ferventes, que le ciel, jaloux de ces saintes âmes, ne tarde pas à les réclamer. Les deux jeunes filles que nous venons de voir poétiser un moment, de leur visage d'ébène, le cloître des Ursulines, appartiennent à la grande famille noire que le saint abbé Olivieri s'est créée avec tant de sollicitude et de peines. Amenées à l'âge le plus tendre

premier jour, quelques autres enfants noirs qu'il aura achetés, au péril de ses jours peut-être, sur la plage africaine, et alors le cloître des Dames Ursulines sera orientalisé tout-à-fait, et les bonnes religieuses, dans leur ardente charité, se réjouiront de cette bonne aubaine, qui diminuera leurs ressources, mais qui leur fera toucher du doigt la miséricorde du Seigneur en faveur des nations infidèles, et l'héroïsme des missionnaires !

Le premier objet qui frappe les regards en entrant dans le cloître, est un modeste petit autel de St-Joseph qui en occupe le fond, à quelques pieds du sol. Cette petite chapelle jette là de l'animation, et attire le cœur par un aimant caché; une voix semble murmurer à l'oreille, du fond du cloître : *ite ad Joseph* (allez à Joseph)! conseil qu'en des circonstances difficiles suivait et donnait Ste Thérèse : Allez à Joseph! disait cette grande sainte à ceux que les chagrins de la vie ou les tentations du démon accablaient, et qui ne savaient bien souvent comment se tirer de cette double impasse, l'angoisse du corps jointe à l'angoisse de l'esprit !

Un des côtés du cloître mène directement aux réfectoires des élèves et des religieuses; la cuisine sépare ces deux salles; elles sont parfaitement éclairées par quatre grandes fenêtres qui prennent jour du côté de Rabot, et donnent sur la cour de la ferme qui sert d'entrée au besoin Un tableau

---

au couvent de Ste-Marie-d'en-Haut, qui les reçut il y a quinze ans à titre de dépôt, l'une a atteint et l'autre a dépassé sa vingtième année; elles sont employées au service des élèves grandes et petites, qui leur portent beaucoup d'affection ; s'acquittent de leurs devoirs avec zèle et intelligence, sont sages et modestes, jouissent de la plus parfaite santé, et ne paraissent pas être encore parvenues à ce degré inquiétant de perfection qui a ouvert de si bonne heure, à plusieurs de leurs saintes compagnes, la porte du Paradis.

fort ancien, représentant le Jugement dernier, orne le premier de ces réfectoires. Cette terrible scène y est représentée d'une manière fort originale et souvent pathétique : on discerne des groupes d'un grand mérite, qui sont empreints de ce dernier caractère, et qui sont traités de main de maître. Le style de cette composition rappelle celui de Jean Cousin. Ce tableau a besoin d'une prompte réparation ; il en est digne.

Le réfectoire des religieuses, un peu plus orné que celui des élèves, mais d'une ornementation très sobre, possède un assez bon tableau représentant la Vierge et l'Enfant Jésus ; mais une touche molle décèle une copie, faite peut-être dans l'école de Raphaël, dont ce tableau rappelle le style.

La cuisine est spacieuse ; elle est pourvue de fourneaux économiques très habilement distribués, et qui alimentent un puissant calorifère qui chauffe les parloirs adjacents et les dortoirs situés aux étages supérieurs.

Du cloître, on gagne de plain-pied la tribune de l'église, sur laquelle donne une autre petite tribune transversale qui a l'apparence d'un couloir ; celle-ci est contemporaine de la fondation du couvent, et était réservée aux religieuses infirmes ; le plafond et les murs sont encore revêtus de peintures semblables à celles de l'église, mais bien inférieures toutefois à celles-ci : elles sont, du reste, fort dégradées. On distingue cependant au plafond un Père éternel d'un assez bon style, et sur le mur latéral de droite deux médaillons représentant, l'un, le prophète Élie, à qui l'Ange du Seigneur apporte un pain, et l'autre, Moïse faisant pleuvoir la manne dans le désert. L'espèce d'impasse que nous décrivons est close par une petite grille au treillis serré et robuste, dans laquelle est ménagée une petite ouverture pour laisser passer le divin prisonnier du Tabernacle, qui venait consoler et parfois guérir encore les malades dans cet étroit oratoire, qui est comme une image de l'étroitesse douloureuse qu'offre l'existence de ce monde.

Du cloître, on aborde encore à deux salles très importantes ; l'une est la grande salle de réception, où l'on reçoit Monseigneur quand il vient visiter le couvent ; l'autre, est le refuge des élèves quand il fait mauvais temps ; elle leur sert de salle de récréation. La première de ces salles est fort vaste ; elle a vue sur la principale terrasse du couvent, et y conduit de plain-pied ; quatre grandes croisées, entre lesquelles est percée une porte-fenêtre, y laissent pénétrer un jour abondant ; ce beau salon est décoré d'une ample cheminée rocaille très riche et de plusieurs portraits et tableaux de piété. Parmi les premiers, on aperçoit de prime-abord en entrant celui de Mgr de Bruillard, ce vénérable et saint évêque que la mort vient de nous enlever au bord de sa centième année, qu'on espérait tant lui voir franchir, comme semblaient le promettre la vigueur d'esprit et la taille droite et ferme de cet auguste vieillard. Ce portrait, fort ressemblant, mais d'une assez pauvre exécution, occupe au fond du salon la place d'honneur, que la juste reconnaissance des Ursulines, filles bien-aimées et particulièrement choyées de ce digne prélat, lui a assignée. Les portraits de St François de Sales et de Mgr Simon sont placés à droite et à gauche. Le grand évêque de Genève n'a pas été flatté, et le peintre a par trop accentué la déviation de son regard ; quant à Mgr Simon, véritable tête de procureur (1), l'on se demande comment une tête si pro-

---

(1) Nous n'entendons critiquer ici que le manque d'habileté du peintre, qui n'a pas su tirer parti de son modèle.

saïque pourrait être coiffée d'une mitre ; mais si ces trois portraits réunis réjouissent médiocrement les regards de l'artiste, en revanche, il en est un qui orne merveilleusement la salle de réception, et qui atteint presqu'à la proportion d'un chef-d'œuvre : c'est le portrait d'une haute et noble dame de Monteynard, qui, simple religieuse d'abord au couvent des Ursulines de Grenoble, alla ensuite occuper le trône abbatial de la célèbre abbaye de St-Pierre à Lyon. Pleine d'affection pour son ancien couvent, elle venait y faire chaque année sa retraite ; et alors, oublieuse de sa haute dignité, et redevenue pour quelques jours simple religieuse, elle reprenait possession de son ancienne cellule, de sa stalle au chœur, et de sa place au réfectoire. Le visage de cette sainte et digne abbesse ne révèle pas ses éminentes qualités ; un embonpoint malheureux le gâte et le rend assez vulgaire ; il n'y a que les yeux qui trouvent grâce : tout petits qu'ils sont et enterrés dans la graisse, il réside au fond de leur prunelle bleue une fermeté et une volonté tout-à-fait imposantes ; les mains sont admirables et pleines de distinction ; elles révèlent à elles seules la grande dame ; en somme, le dessin et la couleur de ce portrait le rangent parmi ceux du premier ordre : la touche de Lebrun semble apparaître là. Il serait à désirer que la photographie reproduisît cette œuvre remarquable.

Quelques gravures d'un médiocre mérite ornent aussi les murailles de la salle de réception ; nous signalerons parmi elles, comme ayant un grand intérêt pour les Dames Ursulines, qui ont retrouvé en lui un père, le portrait lithographié de Mgr Ginouilhac, dont nous aimerions à voir la tête pleine de noblesse et de caractère remplacer le maladroit portrait de Mgr Simon ; mais pour cela, il faudrait que Mgr, consentant à être pour les Dames Ursulines le continuateur en toutes choses de son vénéré prédécesseur, se décidât à se faire peindre à l'huile et de grandeur naturelle ; il n'y aurait alors plus rien à désirer dans la salle de réception du couvent de Ste-Marie.

La salle de récréation touche au grand salon de réception : c'était jadis le réfectoire des Dames de la Visitation. Les Dames Ursulines, en l'appropriant à sa nouvelle destination, ont eu le bon goût de conserver religieusement la petite chaire d'où l'on faisait la lecture. Cette chaire, espèce d'étui dans lequel une porte excessivement basse et étroite introduisait la lectrice, ne pouvait contenir qu'une religieuse faite *ad hoc*. L'original du beau portrait dont nous venons de parler, aurait vainement essayé de se frayer là un passage.

Les murs de la salle de récréation sont entièrement tapissés de chapeaux de toute forme et de toute grandeur, depuis le diamètre le plus pompeux, jusqu'à l'orbite le plus modeste : ceux-ci adhèrent avec soumission à la muraille, ceux-là s'en détachent avec un air de mutinerie que leurs bords recourbés leur donnent. Je ne voudrais pas faire de jugement téméraire, mais il y a plusieurs de ces chapeaux à qui l'on pourrait dire : — « Je sais qui vous coiffez, beau sire ! »

Du cloître et de la splendide région qu'il occupe, région qui retient encore dans ses alentours quelque chose des soins et des intérêts temporels, nous irons immédiatement, et en nous signant, contempler le terrible corridor noir, qui est la partie du couvent qui doit imposer le plus de respect aux pensionnaires... attendu qu'il ne laisse pas que d'impressionner singulièrement le visiteur qui est admis à l'insigne faveur d'inspecter le couvent de Ste-Marie.

On descend à ce corridor par un escalier de plusieurs

marches assez raides, et qui va s'assombrissant jusqu'à l'entrée de cette sombre *merveille*. Comment ce corridor noir pourrait-il être autrement? Le dira-t-on éclairé par ces profonds soupiraux percés dans l'énorme épaisseur d'un mur cyclopéen, et qui amènent au fond de cette espèce d'abîme de pâles rayons de lumière, qui sont au jour ce qu'un fantôme est à un corps animé? Ce corridor (je conçois bien qu'on ne veuille pas l'appeler par son véritable nom, celui de souterrain, qui empêcherait de dormir plus d'une petite fille peureuse) ce corridor, devons-nous dire, est marbré, de distance en distance, de couches de salpêtre qui illuminent d'une manière funèbre sa voûte et ses parois noires et humides; quelquefois, au milieu des ardeurs de l'été, un rayon plus doré s'échappe par la bouche d'un de ces soupiraux au bout de ce souterrain léthifère, digne de figurer dans un roman d'Anne Radcliff, et vous saluez avec joie cette traînée lumineuse où s'agitent mille atômes qui semblent venir, au sein même de la tombe, protester contre la mort! Avancez jusqu'au fond du souterrain où ce rayon de vie vous guide; ne vous troublez pas trop de cette carcasse de cercueil qui est déposée là, et qu'il vous faudra frôler en passant.... et, suivant avec confiance une des Dames Ursulines qui vous précède, et qui vient d'ouvrir une petite porte dans la muraille de droite, attachez-vous aux pas du bon Ange qui vous fait les honneurs de la maison avec tant de charité et de grâce. Pouvez-vous éprouver de l'effroi auprès d'un pareil guide? Ne sentez-vous pas qu'en sa compagnie le corridor noir a perdu toute son horreur? Allons, fiez-vous en lui, il va vous sortir de cette espèce de purgatoire; suivez-le sans balancer à travers la voie mystérieuse qu'il vient de vous frayer.... A genoux!... adorez!... Que votre cœur s'épanouisse !... Vous venez de passer de la région de la mort à celle de la vie; vous voilà soudainement parvenu dans le chœur des religieuses, et votre pied a presque buté contre le marche-pied de l'autel de la Ste-Vierge, qui flanque, à main droite, avec celui de St-Joseph pour pendant à main gauche, la grande grille du chœur, cette grille voilée qui intrigue tellement la curiosité, du dedans de l'église, cette grille tristement diaphane, à travers laquelle on voit passer, comme des ombres ou comme un rêve, les figures des religieuses, et qui ne s'ouvre entièrement aux regards du public qu'aux grands et solennels jours d'une profession ou de la première communion.

Au-delà de cette grille, en avant de laquelle brille jour et nuit une lampe, symbole de constante ferveur et d'immortalité, s'ouvre le chœur de l'église, ce chœur si imposant, si somptueux, où l'or, le marbre et les sculptures, entassés avec une amoureuse profusion, témoignent de la foi et de la piété de nos pères. Mais qui dira la grâce, la pudique élégance de ce ravissant petit autel au pied duquel nous venons de tomber ?

Nous sommes en plein mois de mai, le mois consacré à la Souveraine du ciel et de la terre, et Dieu sait avec quel amour on fête ce mois béni au couvent des Dames Ursulines qui a nom Ste-Marie-d'en-Haut, et que le souvenir de St François de Sales, ce tendre serviteur de Marie, remplit d'un parfum si suave! Regardez, d'ailleurs, et jugez! — Voyez comme cet arceau de fleurs, crénelé de cierges d'un blanc éclatant, embrasse la charmante statuette en bois doré, et vient l'enfermer jusque sur le devant de l'autel, comme si le décorateur avait voulu emprisonner dans ce réseau de roses purpurines et de jasmin virginal la Mère du bel amour; puis tout le reste à l'avenant, et les chandeliers d'or éblouissants, et la nappe d'autel richement brodée et le disputant en blancheur à celle de la neige : vous voyez bien que le terrible corridor noir, s'il a l'air d'aboutir aux enfers, touche à la porte du Ciel et au Paradis.

A part le luxe sacré dont je viens de relever le bon goût, le chœur des religieuses est de la plus grande, mais aussi de la plus noble simplicité; une exquise propreté s'y fait surtout remarquer; ce chœur n'est pourtant pas absolument dépourvu d'ornements; de riches reliquaires, un beau chemin de Croix dont les tableaux sont peints à l'huile, et deux grandes toiles d'un grand mérite appellent l'attention du visiteur; arrêtons-nous devant celles-ci; l'une représente Ste Angèle agenouillée aux pieds de St Augustin, de qui elle reçoit sa règle; l'autre, la même Sainte ravie au ciel au milieu de groupes d'Anges. Le premier de ces tableaux, bien supérieur à l'autre, occupe la muraille du fond. Un dessin pur et ferme, une couleur chaude et vigoureuse le désignent de suite comme une œuvre capitale ; une Notre-Dame de Pitié que l'on aperçoit dans les hauteurs du ciel, peut rivaliser avec ce qu'il y a de plus beau en ce genre; le second tableau a des beautés de détail, mais le dessin en est un peu flasque, et le coloris manque de vigueur. Nous ne quitterons pas ce sanctuaire de la vertu et de la prière sans nous arrêter respectueusement devant la pierre de l'extase que nous avons minutieusement décrite en dehors de la grille, alors que nous occupant uniquement de la somptueuse église de St-Marie-d'en-Haut, nous bornions notre ambition à voir se lever un moment en notre faveur le rideau funèbre qui cache le chœur des religieuses, afin de pouvoir décrire celui-ci. Nous nous contenterons de rappeler que, d'après la tradition, ce fut à la place même que cette pierre recouvre que Ste Frémiot de Chantal reçut d'en haut l'avis de la mort du Père bien-aimé de son âme, St François de Sales; je n'avais vu qu'à distance ce monument sacré, et l'on se figure aisément avec quelle pieuse émotion je me vis à même de ployer près de lui mes genoux, de le toucher de ma main et pour ainsi dire de mes yeux.

Nous reprenons le chemin dramatique qui nous a conduit à la région de paix et d'amour où nous venons en quelque sorte de rafraîchir et de renouveler nos cœurs dans la prière, et nous revenons... sur la terre, après avoir touché, à travers les ombres du sépulcre que le corridor noir figure, aux joies du ciel que le chœur des religieuses nous a fait sentir. Que de choses à voir encore et à décrire dans cette petite Jérusalem céleste qu'on nomme le couvent de St-Marie-d'en-Haut! comment nous rappeler tout ce qu'on nous a fait voir? Comment dépeindre tous ces aspects imprévus et saisissants qui se sont offerts à nos yeux du haut de ses terrasses aériennes qui s'étagent l'une au-dessus de l'autre, à partir des murs du couvent, et forment ses jardins? La terrasse des élèves, par exemple, sur laquelle souvrent les fenêtres du grand salon de réception, et qui est ombragée de quinconces de tilleuls, de sycomores et d'acacias actuellement en fleurs, et vous pénétrant de leurs suaves et calmants parfums, offre un aspect d'une fraîcheur délicieuse. Avancez sous ces beaux ombrages; tenez, voyez-vous cette jolie statue de Vierge posée dans une gracieuse niche à la base d'un renflement de terrain qui promet d'autres enchantements et d'autres surprises? Cette sainte image vous convie à vous agenouiller un moment devant la Mère des mères, qui préside de cette façon aux joyeux ébats des pensionnaires. Si vous inclinez à droite de la statue, vous rencontrez un petit mur d'appui d'où la vue plonge sur la splendide vallée du Graisivaudan, et s'étend jusqu'à la Savoie : Grenoble avec son majestueux clocher de St-André, flèche solitaire, qui ressemble à un point d'admiration renversé, et pointe au milieu de la cité comme le faisceau des prières de ses habitants, forme un avant-corps heureux à ce gigantesque paysage que les sommets voisins des Alpes illuminent de leurs neiges éternelles; — quelle paix on goute en ce lieu! son prix est double par les vagues murmures qui s'échappent de la ville et qui montent affaiblis et mourants jusqu'aux murs du couvent dont il fait ressortir le calme... si toutefois l'heure de la récréation n'a pas sonné, car alors, quel charmant tumulte sur cette terrasse, que de vie, que de cris perçants, quel mouvant réseau de jeunes filles !

Prenez-vous, au contraire, à gauche de la statue? vous vous trouvez au pied d'un escalier qui vous conduit au clos triangulaire du couvent : une large allée qui traverse celui-ci dans toute sa longueur et rampe pour ainsi dire sur un plan fortement incliné, vous conduit à travers les fleurs et les fruits à une élégante rotonde dont le toit, recouvert en ardoises symétriquement agencées, s'accole à de frais ombrages; cette rotonde, située à la pointe même du triangle allongé que forme le clos, et qui trace à celui-ci ses limites du côté de la Bastille sur laquelle il a vue, est un petit sanctuaire consacré présentement à Notre-Dame de la Salette, et que les Dames du Sacré-Cœur destinaient à recouvrir la dépouille d'une de leurs sœurs, morte en odeur de sainteté, et qu'on prétendait même y avoir été inhumée. Une grille assez haute, que dominent les têtes, nous pourrions vraiment dire les cimes de deux rosiers-arbres sur lesquels on a greffé trois espèces de roses, aimables parasites vivant là en parfaite santé et intelligence, défend les abords de cette chapelle, et disparaît en partie sous les branches menues et flexibles d'un rosier multiflore chargé de parer encore cette clôture, et d'adoucir sa sévérité ; une petite plate-bande de fleurs règne à l'intérieur autour de la rotonde, et complète le charme de cette perspective. Mais, pour le moment, nous laisserons de côté ce gracieux oratoire, auquel nous reviendrons plus tard, et où nous pénétrerons.

Nous suivons à présent Mme la Supérieure, toute soucieuse de ne rien omettre de ce qui peut nous intéresser, et qui, dans ce but, nous mène voir les immenses et coûteux travaux que les Dames Ursulines ont fait exécuter pour obtenir l'assainissement radical des deux grands dortoirs. La ligne droite est incontestablement la plus courte ; souffrez cependant que nous courbions un peu celle que nous suivions tout-à-l'heure, et qu'avant de nous engager dans le défilé artificiel que la mine a péniblement pratiqué entre le couvent et la masse de rochers qui l'opprimait jadis, nous descendions, faisant un peu l'école buissonnière, sur les quatre terrasses échelonnées l'une au-dessus de l'autre sur la pente à pic de Chalmont, et presque suspendues sur le vide comme les jardins de Sémiramis : chacune d'elles a son agrément particulier et son point de vue pittoresque ; l'utile et l'agréable se disputent ce maigre terrain, et grâce aux soins intelligens et au courage viril d'une sœur converse, que toute élève de Ste-Ursule qui verra ces lignes, nommera de suite joyeusement, ces terrasses produisent abondamment des fleurs, des fruits et des légumes. Ici, une tonnelle en charmille d'aspect séculaire, offre, entre des murs et sous un plafond de feuillages impénétrables aux rayons du soleil le plus dévorant, une retraite délicieuse à la méditation ; là, du centre d'un petit bassin, jaillit un jet d'eau, un peu lilliputien à la vérité, mais qu'il est délicieux d'entendre gazouiller sur ces pentes exposées aux ardeurs du midi ; des quenouilles de vigne environnent le bassin, et lui forment, en automne, un diadème de pampres et de fruits ; plus loin, une allée de rosiers pompons de la grande espèce descend, comme un rayon de l'amour divin, sur la longue et rapide pente de la première de ces terrasses, et sature votre œil charmé du suave incarnat de mille corolles dans tous les degrés de la floraison : sans trop forcer le tableau, on pourrait dire qu'on croit voir apparaître un pensionnat de jeunes filles dont le jeu vient de développer les belles couleurs, et qui défilent en lignes pressées sur le flanc de la montagne.

Nous voici parvenus à l'entrée du défilé vers lequel nous comptions porter directement nos pas. Quel travail de Romains ! Il est impossible de s'attendre à une pareille vue. La masse de rochers dont il fallait s'affranchir n'a pas moins, dans sa partie la plus élevée, de 10 à 12 mètres. Le couvent n'était pas, il est vrai, totalement collé contre cette masse, mais l'ouverture qui l'en séparait était insuffisante, et ne garantissait pas l'édifice d'une humidité malsaine et dangereuse ; c'est pour obvier à ce danger que les Ursulines se décidèrent, ni plus ni moins qu'Annibal, à faire fondre le malencontreux rocher, mais par un procédé plus coûteux et plus martial que celui employé par le héros carthaginois ; seulement, l'histoire n'a rien dit encore de cet exploit presque guerrier, dont le bruit n'a retenti.... qu'entre les murs du couvent ! Le croirait-on ? ce fut à la terrible puissance de la poudre que ces Dames eurent recours pour se débarrasser du grave obstacle qui nuisait à la salubrité du dortoir, et cela sans sourciller. L'intelligence de l'entrepreneur, M. Reynère, leur vint en aide pour surmonter leur ennemi, et le rocher, taillé par la foudre terrestre dans toute sa longueur, qui peut mesurer de 40 à 50 mètres (1), laissa un large passage d'environ trois mètres entre lui et les murs de l'édifice, balayés désormais par un vif courant d'air.

L'espèce de défilé qui vient d'être obtenu de cette manière, présente l'aspect le plus sauvage et par conséquent le plus pittoresque ; les parois inégales et anguleuses du rocher saillant au-dessus de vos têtes, ses entrailles pour ainsi dire mises à nu, et le déchirement laborieux de ses flancs, vous causeraient une sorte d'effroi, si le sommet de ce même roc, couvert d'une végétation luxuriante, ne projetait sur ses blessures une couronne de fraîche verdure qui sourit à l'œil ; des églantiers, des chèvrefeuilles et des clématites pendent de là dans le plus beau désordre, et voilent par intervalles de leurs lianes étiolées, et par cela même très élégantes, la rudesse de cette muraille cyclopéenne.

Ce défilé vous mène à la ferme du couvent, que le rocher contourne et qu'il étreint dans un repli majestueux ; il est parvenu là au maximum de sa hauteur : c'est trop d'honneur pour la basse-cour qu'il protège ! Un peu plus loin, le terrain, devenu fertile, a donné la facilité de créer un jardin potager qui forme terrasse et accompagnement au rocher ; la culture en est soignée ; on a devant les yeux la bonne terre de l'Évangile à côté du silex où le grain meurt. C'est derrière ce potager supérieur, auquel on accède par une rampe extrêmement raide, que vient d'être établi tout récemment le cimetière des religieuses, consolation bien

---

(1) En comprenant le retour sur la basse-cour du couvent, qu'il enceint d'une muraille naturelle.

grande après laquelle les Dames Ursulines avaient soupiré depuis bien longtemps, et que l'autorité leur a enfin accordée, leur permettant ainsi de conserver près d'elles, après leur mort, les sœurs chéries que Dieu leur enlève, sœurs qu'elles n'auront plus la douleur de voir expulsées de leur sainte et inviolable clôture, après leur dernier soupir (1).

Ce champ du repos, rencogné dans un angle des murailles du couvent, sur le déclin de la montagne de Rabot, au-dessus même du chemin militaire qui conduit à la forteresse, est trop près, malheureusement, du service bruyant des armes; il est, en outre, fort exigu, et ce n'a été encore que par le moyen de la mine, qu'on a pu défoncer ce sol rocailleux et obtenir la couche de terre nécessaire pour l'inhumation des corps. Un delta peut donner l'idée de la configuration de ce sanctuaire de la mort, destiné à recevoir des épouses du Seigneur. La grille qui ferme ce delta en représente la base; stérile et d'un ton fauve qui en désigne la maigreur, la terre de ce cimetière n'offre pas le

---

(1) Cette douloureuse séparation, nous l'avons vue s'accomplir deux fois sous nos yeux attristés, et je ne saurais dire jusqu'à quel point se serra mon cœur, lorsqu'à la fin du service funèbre, la grille du chœur des religieuses s'ouvrit à deux battants pour laisser passer la bière descendue bientôt dans la nef, comme un cercueil vulgaire autour duquel s'éleva le chant poignant du *Libera*, qui semblait une protestation déchirante de la défunte; et quand cette prière d'une si terrible beauté fut terminée, cette prière qu'avaient accompagnée de fréquents soupirs sortis du chœur des religieuses, le corps, si cruellement enlevé du sein de la famille sainte, fut soulevé des dalles de l'église sous lesquelles il eut si doucement reposé, et s'achemina aussitôt comme un triste exilé, paré de son auréole de roses blanches, à travers les rues populeuses de la cité, leur désordre, leur fange, leur tumulte, et alla se perdre au milieu de ce peuple de morts qui remplit l'enceinte du vaste et magnifique cimetière de St-Roch.

plus léger vestige de végétation ; cet aspect serrerait le cœur, si l'on ne voyait déjà grimper, contre la grille qui clôt ce recoin funèbre, des jasmins et des rosiers qui promettent de le voiler pieusement dans quelque temps ; un houx d'une dimension insolite, et nécessairement très vieux, a été transplanté près de l'angle du cimetière avec un succès merveilleux ; ses rameaux, d'un vert énergique, fréquemment entrecoupés de bourrelets de graines écarlates, annoncent sa vitalité. Une seule tombe fraîchement recouverte vient de meubler le cimetière ; le soin avec lequel on l'a ornée de fleurs témoigne la tendresse et les regrets de la famille religieuse qui vit, ne formant qu'une seule âme et qu'un seul cœur, dans l'enceinte sacrée du couvent de Ste-Marie !

Retournons à présent au couvent, qui est à lui seul tout un monde, et qui réclame encore notre exploration. Tout naturellement, ce sont les dortoirs, assainis de la façon héroïque qui vient d'être racontée, qui appellent notre investigation consciencieuse ; il y en a deux : l'un est situé au premier étage, l'autre au second. C'est dans le premier que couchent les grandes pensionnaires ; le second reçoit les petites. Il est difficile de se faire une idée de la beauté de ces deux salles, qui traversent de bout en bout le couvent ; la première surtout, avec ses cinquante lits de noyer brun bien veiné, séparés par des cloisons de même bois, entre lesquelles pendent des rideaux blancs striés de raies roses, réjouit la vue et le cœur : la force et la santé semblent sourire là aux craintes maternelles ; ajoutez à ce riant aspect, un jour et un air abondants arrivant par six grandes fenêtres latérales, sans compter deux autres qui sont percées à chaque bout ; considérez la hauteur des plafonds, la propreté exquise des lits et du plancher, percé, de distance en distance, d'élégantes rosaces de métal à jour, à travers lesquelles monte, en hiver, une bienfaisante chaleur, et vous conviendrez, chers parents, qui avez peut-être été si mal renseignés sur la disposition des dortoirs du couvent de Ste-Marie, que ceux-ci offrent toutes les conditions de salubrité désirables.

Le dortoir des petites, moins élégant, mais non moins spacieux et non moins aéré que celui des grandes, peut aussi contenir une cinquantaine de lits ; ainsi que le premier, il est orné au devant de sa porte-fenêtre d'un vaste balcon qui domine la terrasse des récréations, et qui plane, à travers les frais rameaux qui ombragent cette dernière, sur une portion de Grenoble et de la vallée du Graisivaudan, cette terre promise du Dauphiné. Enfin, la dernière lumière que nous apporterons sur la tenue de ces dortoirs, nous sera fournie par.... le gaz qui les éclaire à fond pendant la nuit.

Les salles d'étude sont également bien tenues ; la grande salle que, vu sa destination, nous appellerons plaisamment celle de la mnémonique, et où les élèves apprennent, par rang de taille, leurs leçons, est parfaitement disposée pour faciliter la surveillance de la maîtresse qui préside ces états-généraux de la mémoire. Cette salle forme un vaste parallélogramme le long des murs duquel sont étagées deux rangées de bancs, dont l'une domine l'autre, et qu'un coup-d'œil de la maîtresse, exhaussée sur une estrade au fond de ce gymnase intellectuel, peut aisément embrasser.

Puis, l'on nous a montré les chapelles intérieures que recèle le cloître : celle des enfants de Marie, simple, mais très élégante, et où l'on chercherait en vain un grain de poussière ; celle encore des novices, qui était celle des Dames de la Visitation, et où le même esprit de détachement, d'amour de Dieu et d'amour du prochain, amène de temps en temps, et quelquefois d'une manière bien surprenante, des aspirantes Ursulines : sauf le plafond, qu'un treillis de petits caissons ornés d'arabesques sur leurs nervures, et meublés d'une rosace au milieu, assimile en plus petit et plus humblement, aux plafonds usités dans certaines basiliques antiques, cette chapelle n'offre rien d'intéressant.

N'oublions pas de dire que les corridors qui aboutissent au cloître, et les paliers des escaliers sont presque tous sanctifiés, si je puis dire ainsi, par quelque petit autel pieusement orné. Ici, apparaît la figure de l'Ange gardien, dont la protection s'est montrée manifeste dans telle circonstance périlleuse; là, celle de Notre-Dame de la Salette, entre les deux infimes et prodigieux défenseurs de son apparition, qui lui viennent à la hanche ! Ce groupe, à la fois grave et gracieux, qu'on a eu la bonne idée de faire ressortir sur un fond de montagnes en relief, a été composé et exécuté par M. Ferdinand Rostaing, l'auteur de la statue de St François de Sales; le sculpteur a grandi depuis son illustre coup d'essai, et plusieurs œuvres remarquables, sorties depuis lors de son ciseau, lui ont acquis dans le département une renommée méritée (1). Plus loin, sur le pal-

---

(1) Nous citerons entre autres la belle chaire qu'il a sculptée pour l'église d'Isle-d'Abeau, et qui a fait sensation dans le monde artistique de Lyon. Nous citerons aussi la très élégante chaire de St-Hugues, dont il a donné le plan et fait les sculptures. La belle statue de Jésus montrant son divin cœur, statue qu'il vient d'exécuter pour la chapelle des Pères Jésuites de Grenoble, et qui appelle si bien l'adoration au-dessus du tabernacle du chœur de ce sanctuaire, fait le plus grand honneur à cet artiste. — Nous aurions à louer bien d'autres œuvres de M. Rostaing, œuvres très importantes, telles que le Crucifix double nature qu'il a sculpté pour la commune de Gillonnay, etc., etc.,

lier de l'escalier qui mène à l'infirmerie, où une indisposition de nos enfants nous a procuré le bonheur de lier connaissance avec la majeure partie des saintes recluses de Ste-Marie, une antique statue miraculeuse de la Sainte Vierge vous enjoint de plier les genoux devant la gravité austère de son maintien, rendue plus imposante par le ton noirâtre du bois de noyer dans lequel un jeune berger, ayant pour seul maître une inspiration divine, et muni d'un pauvre couteau, l'a sculptée. Décidément, voilà encore un berger privilégié, choisi de Dieu pour glorifier Notre-Dame : Avis aux beaux-esprits qui ne veulent pas admettre le miracle de la Salette, et qui se scandalisent peut-être aussi de l'annonce des Anges aux bergers de Bethléhem! Infortunés sages, qui ne voyez pas que N. S. vous avait en vue lorsque, s'adressant à ses simples et naïfs Apôtres, en présence des Pharisiens et des Docteurs qui les considéraient peut-être en ce moment avec un air de pitié et de mépris, il s'écria : « Je vous bénis mon Père, Seigneur Dieu du ciel et de la » terre, de ce que vous avez caché ces choses aux sages et » aux prudents, et que vous les avez révélées aux plus sim- » ples. Oui, mon Père, car il vous a plu que cela fût ainsi. » (St Mat. CXIX, v. 25 et 26.) Quelles paroles! comme elles sont propres à dérouter une vaine philosophie! comme elles planent menaçantes sur les esprits superbes qui flagornent et méprisent tout à la fois le peuple, jouet misérable de ces bateleurs qui lui imposent le monopole de leur fastueuse raison, et ne veulent pas que le soleil des esprits luise pour toutes les intelligences! Que deviendrait ce pauvre peuple, si Dieu ne se chargeait de l'éclairer, de l'avertir, de le spiritualiser, comme il l'a fait par le miracle de la Salette? Ah! réjouissez-vous qu'il en soit ainsi, présomptueux sages, fâcheux prudents; car, sans cette lumière divine, qui vient faire contre-poids aux tristes lumières que vous prétendez répandre parmi les masses, vous verriez le plus ténébreux cahos se faire sur la terre, et le désordre devenir le roi de l'univers !

Mme la Supérieure a tenu aussi à nous montrer les tenants et aboutissants du tunnel qui lie l'Aumônerie, située vis-à-vis et hors du couvent, à la sacristie même de l'église, et permet à M. l'aumônier d'atteindre à couvert, pendant la mauvaise saison, qui rend parfois ce court intervalle si dangereux à traverser, ce point culminant, où ses augustes fonctions de prêtre et de confesseur l'appellent sans cesse. Ce tunnel est, quoi qu'on ait pu dire, une idée des plus heureuse, très-habilement exécutée, et qu'il ne viendra pas à l'esprit de personne, si ce n'est à des esprits malheureux, bien malheureux, de critiquer et de blâmer.

Il est temps que nous retournions respirer l'air au jardin ; aussi bien, après l'éclaircissement que nous venons de donner sur le tunnel, on en sent vraiment le besoin. Nous voici donc reprenant, en riant d'un rire de compassion, la grande allée qui divise, comme nous l'avons dit, le clos en ligne perpendiculaire ; et nous abordons de nouveau à la petite rotonde que nous avons décrite et qui, destinée d'abord à abriter un caveau funèbre, est devenue un petit oratoire consacré à Notre-Dame de la Salette, image, il faut l'espérer, de notre société éperdue, qui semble faire des efforts pour passer de la mort à la vie ! Cette jolie bonbonnière (qu'on nous passe ce mot, il peint l'édifice) intéresse vivement notre curiosité ; car, ainsi que nous l'avons dit lors de notre première inspection, une version assez répandue donnait cette rotonde pour tombeau à une religieuse du Sacré-Cœur parvenue à la plus haute sainteté. Un caveau pratiqué dans son enceinte avait, disait-on, possédé pendant quelque temps le corps de cette sainte personne, qui en fut plus tard retiré, lorsque, fuyant devant l'explosion de la mine et ses conséquences redoutables, les dames du Sacré-Cœur furent contraintes d'abandonner leur cher couvent de Sainte-Marie.

La porte de la chapelle vient de s'ouvrir; au-dessus de nos têtes se creuse une charmante petite coupole aux plus harmonieuses proportions : cette voûte et les murs sont peints avec goût; de faux pilastres, imitation marbre, divisent ceux-ci, et les enrichissent d'une ornementation simple et noble. Un joli autel bien orné occupe le fond de la rotonde, et est surmonté d'un tableau qui explique le vocable sous lequel est placé ce gracieux sanctuaire : on est en présence de la scène de l'apparition de la Ste-Vierge aux petits bergers. La sainte Impératrice du ciel et de la terre annonce à ces deux étranges ambassadeurs de la montagne, les malheurs dont la terre est menacée si elle ne fait pénitence. Car c'est bien à la terre, et à l'Europe en particulier, que la Céleste envoyée s'adresse du haut de ce sommet alpestre, transformé par elle en une tribune sacrée d'où elle annonce à l'univers le courroux du Seigneur qu'elle ne peut plus apaiser! Mélanie et Maximin sont très-ressemblants; le dessin de ces deux figures est élégant et correct. Il n'en est pas de même de celle de la Vierge, qui est d'un svelte par trop spiritualiste, et qui offre l'aspect d'une gaîne habillée, et surmontée d'une tête. Enfin, complétant l'élégance de cette chapelle, à laquelle elle donne un cachet tout céleste, une lampe en cristal bleu et blanc, suspendue entre trois chaînes de même matière et d'une disposition de couleur semblable, pend devant l'hôtel comme un joyau mystique.

Nous ne demeurâmes qu'un instant à considérer la pieuse décoration de la chapelle, et nos yeux s'abaissèrent immédiatement vers le sol, pour y chercher la trace du caveau funéraire où un trésor de sainteté avait, d'après certaine version, été déposé; une trappe en bois, armée d'un anneau de fer, me la désigna aussitôt au côté gauche de l'autel; je m'apprêtais à la soulever, quand l'obligeance d'une des bonnes religieuses qui nous accompagnait, m'évita soudainement cette peine; la trappe, amenée résolument par elle, s'abattit, et nous aperçumes un escalier de pierre fort bien construit, dont les degrés blancs fuyaient sous terre. Je m'empressai de descendre, suivi bientôt de ma femme et de notre charitable introductrice, dont le costume entièrement noir, hormis la guimpe, s'harmonisait on ne peut mieux avec la scène où nous portions nos pas, et ces ombres du sépulcre qui descendaient de plus en plus profondes sur nos têtes. Les marches ayant enfin manqué sous nos pieds, nous reconnûmes au tact d'abord, plutôt qu'à la vue, que nous touchions le sol même du caveau; puis nos yeux se faisant petit à petit à l'obscurité, nous reconnûmes à l'aide du faible jour qui nous parvenait de l'escalier, que nous étions entrés dans une petite chambre circulaire, barrée dans le fond par un banc de pierre, au-dessus duquel s'élançait, svelte et radieuse, une croix de pierre blanche qui jetait une lumière quasi phosphorescente dans l'obscurité de la tombe. Un petit groupe de Notre-Dame de Pitié, en plâtre, dénaturait le sommet de la Croix; je l'enlevai, quoique ce fût bien là dans un sens sa place, et je rendis ainsi à l'instrument adorable du salut sa physionomie grave et précise, qui ne devrait jamais être altérée. Nous étions saisis de respect et d'émotion, ma chère compagne et moi, et nous goûtions jusqu'au fond de l'âme le pathétique de cette visite sépulcrale qui nous réunissait tous deux, sous les yeux de nos filles, dans le sein d'un tombeau, lorsque tout le prestige du drame s'évanouit devant cette assertion apportée en dernier ressort par une religieuse arrivée un peu trop tard, à savoir : Que le corps de Mme Aloysia n'avait jamais reposé en ce lieu ; que c'était dans un autre caveau, servant de charbonnière, que son cercueil avait été provisoirement descendu, et que les dames du Sacré-Cœur se disposaient à le transférer dans l'hypogée que nous visitions, lorsque les religieuses furent contraintes d'évacuer la riante Thébaïde de Ste Marie. Notre vénération pour la mémoire de la sainte religieuse dont nous venons de prononcer le nom est trop grande, et elle est partagée par un trop grand nombre de personnes dans notre cité, pour que nous ne suspendions pas un moment notre description en faveur de cette gloire de Grenoble, gloire enregistrée dans le Ciel! Disons donc succinctement ce que fut Mme Aloysia, Dame religieuse du Sacré-Cœur; mais d'abord, donnons en passant un souvenir à l'admirable parente qui lui servit de mère, et dont la figure, environnée aussi d'une auréole de sainteté, exige ici impérieusement nos hommages. N'est-ce pas, en effet, à l'énergique intervention de Mme Duchesne, tante de Mme Aloysia, que la religion et l'art doivent la conservation du couvent de Ste Marie? Ce couvent transformé, ainsi que nous l'avons vu, en prison politique au temps de la Terreur, avait vu s'écouler les plus belles années de Mme Duchesne, qui y avait prononcé ses vœux de religieuse de l'ordre de la Visitation. Aussi, qui pourrait dire la désolation de cette Dame, quand elle vit la Révolution s'emparer de ce saint asile. Dieu eut enfin pitié de la France ; la sérénité succéda à l'orage, et dès que la tourmente révolutionnaire fut passée, Mme Duchesne, qui n'avait pas cessé de songer à son cher couvent, qui portait écrit sur ces murailles des promesses de protection divine (*non extinguetur*, nous les y avons lues), n'eut rien de plus pressé que d'acquérir du

Gouvernement, qui ne savait que faire de cette dépouille, les bâtiments de Ste Marie d'en Haut, portant plus ou moins, à l'exception de l'église, préservée d'une façon merveilleuse, les traces de la domination sauvage qui s'était appesantie sur eux.

Mme Duchesne ne s'arrêta pas, comme on le pense bien, en si beau chemin, et l'on devine à quel but elle voulait atteindre : il lui fallait voir le culte rétabli dans cette auguste enceinte ; ses larmes, ses prières opérèrent ce miracle, et elle parvint à rendre à ce temple solitaire et muet, son Dieu et ses hymnes ; l'église de Ste-Marie vit réapparaître les jours de fête du Seigneur, et, chose à noter, elle fut la première église ouverte au culte dans notre cité. La Mère du Sauveur se montrait ainsi particulièrement favorable à la ville de St Hugues, avec laquelle elle renouait alliance sur les hauteurs de Chalmont !

Dès que, par son acquisition, Mme Duchesne eut satisfait son plus ardent désir, elle se réintégra dans l'ancien asile où avait grandi sa piété. Pleine de ferveur, embrasée de l'amour de Dieu et du prochain, et comprenant que le meilleur moyen d'apaiser les esprits encore agités de la fièvre révolutionnaire, était de répandre l'instruction religieuse dans toutes les classes de la société, elle ouvrit, dans l'enceinte de Ste-Marie, des écoles gratuites pour les enfants pauvres de la ville et des environs. Ces soins charitables, prodigués aux déshérités des biens de ce monde, ne lui firent pas oublier d'autres enfants, en apparence plus heureux, mais souvent tout aussi exposés à se perdre. Mme Duchesne jeta donc, à côté de ses humbles écoles, les fondements d'une maison d'éducation qui devint, un peu plus tard, le deuxième établissement des Dames du Sacré-Cœur, ordre nouveau qui avait pris naissance à Amiens.

Ce fut en 1807 que Mme Barat, supérieure-générale de cet ordre, accepta l'offre que Mme Duchesne lui avait faite de sa maison et de sa personne, pour former à Grenoble un nouvel établissement. Cette création religieuse ne rencontra aucun obstacle : un Ange du Seigneur lui avait préparé la voie !

Après quelques années passées dans le second couvent du Sacré-Cœur, Mme Duchesne fut envoyée par ses supérieurs dans la maison de Paris, où elle porta le désir qu'elle avait conçu d'aller évangéliser les sauvages de l'Amérique du Nord. Ce désir, héroïque dans un homme, bien autrement sublime encore dans une faible femme, elle l'avait fait partager à son intrépide nièce, Mme Aloysia Jouve, à qui nous consacrons cette pause au milieu de notre récit descriptif.

Adèle-Euphrosine Jouve (elle ne portait pas encore ce nom si euphonique d'Aloysia qu'elle reçut en entrant en religion) avait montré dès son enfance des dispositions remarquables, et un caractère d'une rare énergie. Remise aux mains de sa tante, qui s'était chargée de son éducation, elle fut élevée dans la maison du Sacré-Cœur de Grenoble, où la grâce du Seigneur ne tarda pas à la pousser à renoncer au monde. Ce n'est pas sans une grande fureur de Satan que des âmes, comme celle dont nous parlons, se donnent au Seigneur ; aussi l'ennemi de tout bien, l'ennemi juré surtout de la perfection religieuse, employa-t-il tous les moyens pour détourner Mlle Jouve du pieux dessein qu'elle avait conçu de se donner à Dieu. Elle eut à soutenir de rudes assauts de la part de ses parents et de ses amis, que sa détermination désolait. La lutte fut acharnée ; un moment même l'héroïne chrétienne parut vaincue dans ce cruel combat livré à son cœur aimant ; mais la grâce de

Dieu fut la plus forte ; le Père, l'Ami par excellence triompha, et Mlle Jouve se constitua propriété exclusive de ce Père et de cet Ami : elle prit le voile avec bonheur à la fête de Pâques 1815, et, deux ans après, le 1er novembre 1817, elle prononçait ses vœux avec une ferveur digne d'un Ange, et qui édifia toute la communauté. A partir de ce moment, Mme Aloysia, fruit hâtif de la grâce, et déjà mûre pour le ciel, commença à ressentir les atteintes d'un mal qui alla toujours croissant. La vie de cette sainte religieuse ne fut plus désormais qu'un cruel martyre, supporté par elle avec une patience et une résignation qui pénétraient d'admiration ses compagnes. Les souffrances et l'héroïsme de Mme Aloysia étaient devenus le sujet de tous les entretiens à Grenoble, et l'ordre entier du Sacré-Cœur, pleurant d'avance la perte irréparable dont il était menacé, se glorifiait de posséder dans son sein un pareil modèle de vertu qui rappelait Ste Thérèse.

Nonobstant ses cruelles souffrances, Mme Aloysia fut promue au poste éminent et laborieux d'assistante, qu'elle occupa jusqu'à sa mort avec une activité et un zèle qui tiennent du prodige, et qu'un miracle incessant pouvait seul communiquer et soutenir. La plus chère pensée de Mme Aloysia avait été, avons-nous dit, de suivre sa tante sur les rivages de l'Amérique, pour y conquérir des âmes ; aussi éprouva-t-elle une grande douleur d'être obligée de renoncer à son rêve favori ; et quand vint le départ de Mme Duchesne pour cette mission lointaine si ambitionnée, elle pleura doublement, et de ce qu'elle ne pouvait suivre au champ d'honneur de la charité, osons-nous dire, cette héroïque tante qui lui avait servi de mère, et de ce qu'elle lui faisait d'éternels adieux ! Ce départ de Mme Duchesne eut lieu en 1818. Cette noble femme fut porter aux sauvages de l'Ohio et du Mississipi la connaissance du vrai Dieu et des bienfaits de la Rédemption. Précurseur des missionnaires de cette contrée, elle leur facilitait l'exercice de leur épineux ministère en catéchisant et en baptisant les enfants qu'elle rencontrait dans ses tournées, préparant ainsi ces pauvres âmes de sauvages à recevoir des mains du prêtre la plénitude des dons de Jésus-Christ.

Revenons à sa nièce, la douce et résignée martyre du Sacré-Cœur. Hélas! nous ne nous retrouvons plus, peu de temps après les douloureux adieux que nous venons de raconter, qu'auprès du lit de mort d'une sainte! Sainte avait été la vie de Mme Aloysia, sainte aussi fut sa mort! Dieu se plut à le déclarer d'une manière non équivoque. A peine la fidèle servante du Seigneur avait-elle rendu le dernier soupir, que des miracles éclatants glorifiaient sa couche funèbre : Le frère de la défunte, homme du monde dans toute la force du terme, recevait les premières faveurs de cette sainte âme réunie à son créateur ; il approche du lit où est étendue sans vie cette sœur incomparable ; il est frappé au cœur d'un trait de la grâce, tombe à genoux, fond en larmes, et promet à Dieu de se faire Jésuite, vocation que sa vénérable sœur avait tant demandée à Dieu pour lui de son vivant, et qu'elle lui obtenait sur sa couche funèbre. D'autres miracles encore, ainsi que nous l'avons dit, se produisirent sur ce cercueil que le quatrième couvent de la Visitation, remis entre de si dignes mains, eut le bonheur de conserver jusqu'au moment où les Dames du Sacré-Cœur furent obligées d'abandonner ce poste sacré, et de s'éloigner de Grenoble. Un terrain fut alors acheté par ces Dames au cimetière de cette ville, et elles y firent transporter les restes de leurs sœurs, parmi lesquels se trouvait la précieuse dépouille de Mme Aloysia. Cette sépulture, qui occupait le centre du côté gauche du parallélogramme que forme ce champ de repos, unique au monde par sa situation, ses quinconces de peupliers-géants, et son entourage qui en font presque un lieu de délices... recevait l'hommage de bien des affligés qui venaient implorer la sainte Dame du Sacré-Cœur, et ne tardaient pas à ressentir les effets de sa puissante intercession. Des grâces de toutes sortes avaient été obtenues sur la pierre qui recouvrait les restes de Mme Aloysia ; tout le monde le savait à Grenoble, et Grenoble était fier et heureux de posséder un tel refuge, un tel trésor. Mais les choses de ce monde, quelque respectables qu'elles soient, n'ont ni consistance, ni assurance, ni durée. Les Dames de St-Pierre ayant cédé aux Dames du Sacré-Cœur leur magnifique couvent de Montfleury, celles-ci ne purent supporter l'idée d'être séparées de leurs sœurs défuntes ; d'actives démarches furent faites par ces Dames auprès de l'autorité, pour qu'il leur fût permis d'exhumer les corps des religieuses de leur ordre enterrées au cimetière de Grenoble, et de les transporter dans le petit enclos que possède le couvent que nous venons de nommer. Cette permission leur fut accordée, et le 12 février 1857, les ossements des Dames du Sacré-Cœur, mortes au couvent de Ste-Marie, voyageaient de nouveau pour aller prendre enfin possession d'une demeure définitive sur le plateau aérien de Montfleury, en face de la majesté des Alpes et de l'abîme radieux de la vallée du Graisivaudan, coupée, d'une berge à l'autre, par les vastes replis argentés de l'Isère. La dépouille de Mme Aloysia était ainsi enlevée à la vénération des Grenoblois, qui gémirent de cette translation, privés qu'ils étaient désormais de la consolation de toucher et de contempler une tombe où s'étaient opérés tant de prodiges. Consolons-nous toutefois ; cette tombe n'est pas reléguée si loin des murs de notre ville, que les fidèles ne puissent aller la visiter : on peut dire qu'elle est toujours près de nous, et le mamelon de Montfleury, que son élégante aiguille gothique signale d'une manière si pittoresque, n'est pas un mont inaccessible.

Si donc le lecteur pieux, pour qui nous écrivons ces lignes, a pris confiance en les mérites de Mme Aloysia, et qu'il éprouve le besoin de s'approcher de ses restes vénérés, qu'il fasse l'ascension peu méritoire de Montfleury ; les Dames du Sacré-Cœur, touchées du motif de sa visite, lui accorderont gracieusement, j'ose le lui promettre, la permission de s'agenouiller sur la tombe voyageuse de la sainte religieuse, tombe qui était jadis un des trésors incontestables de notre ville, et qui en est maintenant, à peu de distance, le bouclier ! Cette tombe, il la heurtera presque du pied en entrant dans le petit cimetière en déclin du couvent. La petite grille de fer qui ferme celui-ci ouverte, qu'il regarde à main droite, et ses yeux rencontreront immédiatement la pierre tumulaire, où il lira ces simples mots :

CI-GIT ADÈLE-EUPHROSINE JOUVE,
NÉE A LYON LE 26 MARS 1796,
RELIGIEUSE DE LA SOCIÉTÉ
DES DAMES DU SACRÉ-CŒUR
SOUS LE NOM D'ALOYSIA,
DÉCÉDÉE A GRENOBLE
LE 21 JANVIER 1821.

L'épitaphe est couronnée par ce passage des Stes-Écritures :

La mort des justes est précieuse aux yeux du Seigneur.

Ainsi, ce fut le jour anniversaire du martyre du roi Louis XVI, ce juste dont la mort fut si précieuse aux yeux du Seigneur, et si fatale aux intérêts de la France, que Mme Aloysia, presque contemporaine de cet énorme attentat, et qui avait vu crouler le régime révolutionnaire, s'en allait contempler au ciel la gloire dont Dieu environne ses amis et ses confesseurs ! Plus heureuse que la date de sa naissance, celle de sa mort apparaît sous un ciel pur et serein, et Mme Aloysia n'eut pas, en expirant, à jeter un regard d'angoisse sur la patrie ! Dieu venait encore une fois de nous sauver : les fils de St Louis, le rameau d'olivier en main, le sourire du pardon sur les lèvres, et salués, quoi qu'on en ait pu dire, par une acclamation enthousiaste et universelle, étaient rentrés en France : les peuples respiraient !

Rentrons vite au couvent de Ste-Marie ; le temps presse, et la joie que nous goûtons déjà depuis quelques heures dans son enceinte bénie, s'envole ! Notre visite à la chapelle de Notre-Dame de la Salette était comme le bouquet que Mme la Supérieure nous avait réservé. Nous avions, il nous semblait, tout vu, tout examiné dans le plus grand détail, et nous ne pensions pas qu'il nous restât autre chose à constater que notre déplaisir bien senti d'être obligés de prendre congé des bonnes religieuses qui nous avaient, successivement et à tour de rôle, accompagnés durant notre si intéressante pérégrination. Nous nous trompions cependant ; nous avions encore à visiter la salle du chapitre, grande et imposante salle que l'habileté de M. Reynère, dont la main adroite se rencontre ici partout, a su conquérir sur un galetas immense qu'il a transformé en un beau salon.

C'est là que plusieurs habitantes du saint lieu que nous venions de parcourir (je ne dirai pas les meilleures du lieu, ces Dames Ursulines sont toutes la bonté même, mais celles avec lesquelles nous avions eu de plus fréquents rapports), nous attendaient pour nous faire leurs adieux, comme à des oiseaux de passage qui étaient venus s'abriter un instant avec bonheur et confiance dans leur céleste oasis, et qui allaient reprendre leur vol à travers les agitations du monde.

Il me serait bien difficile d'exprimer avec quel attendrissement nous prîmes congé de ces respectables amies, dont l'accueil avait été si cordial et si ouvert. Tout ce que je puis dire, c'est que lorsque la porte d'entrée, qui donne accès dans l'intérieur du couvent, et jusqu'au seuil de laquelle ces dames nous avaient courtoisement accompagnés, se fut lentement refermée sur nous, nous sentîmes des larmes monter à nos yeux, et un soupir gonfler notre poitrine !

Ste MARIE D'EN HAUT (GRENOBLE)

POSE DE LA 1ère PIERRE PAR CHRISTINE DE FRANCE, sous la tribune de l'Orgue.

Sᵗᵉ MARIE D'EN HAUT (GRENOBLE).

IN LOCO UBI CRUCIFIXUS EST HORTUS

MUR LATÉRAL DE GAUCHE DE LA NEF.

Sᵗᵉ MARIE D'EN HAUT (GRENOBLE).

MÉDAILLONS SUR

LE MUR LATÉRAL DE GAUCHE.

LE MUR LATÉRAL DE DROITE.

Sᵗᵉ MARIE D'EN HAUT (GRENOBLE).

MÉDAILLONS DE LA 1ᵉʳᵉ SECTION DE LA VOÛTE.

Sᵀᴱ MARIE D'EN HAUT (GRENOBLE).

MÉDAILLONS DE LA SECONDE SECTION DE LA VOÛTE.

VOÛTE DU CHOEUR DE LA CHAPELLE.

Ste MARIE D'EN HAUT (GRENOBLE).

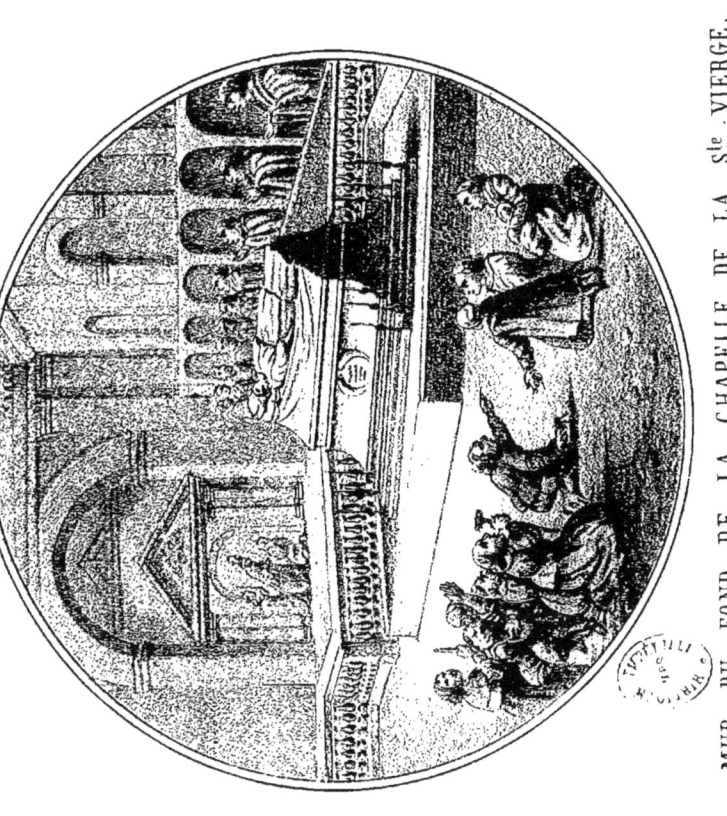

MUR DU FOND DE LA CHAPELLE DE LA Ste VIERGE.

Alph. Merle. et Cie bibres éditeurs.

Lith. Allier, Grenoble.

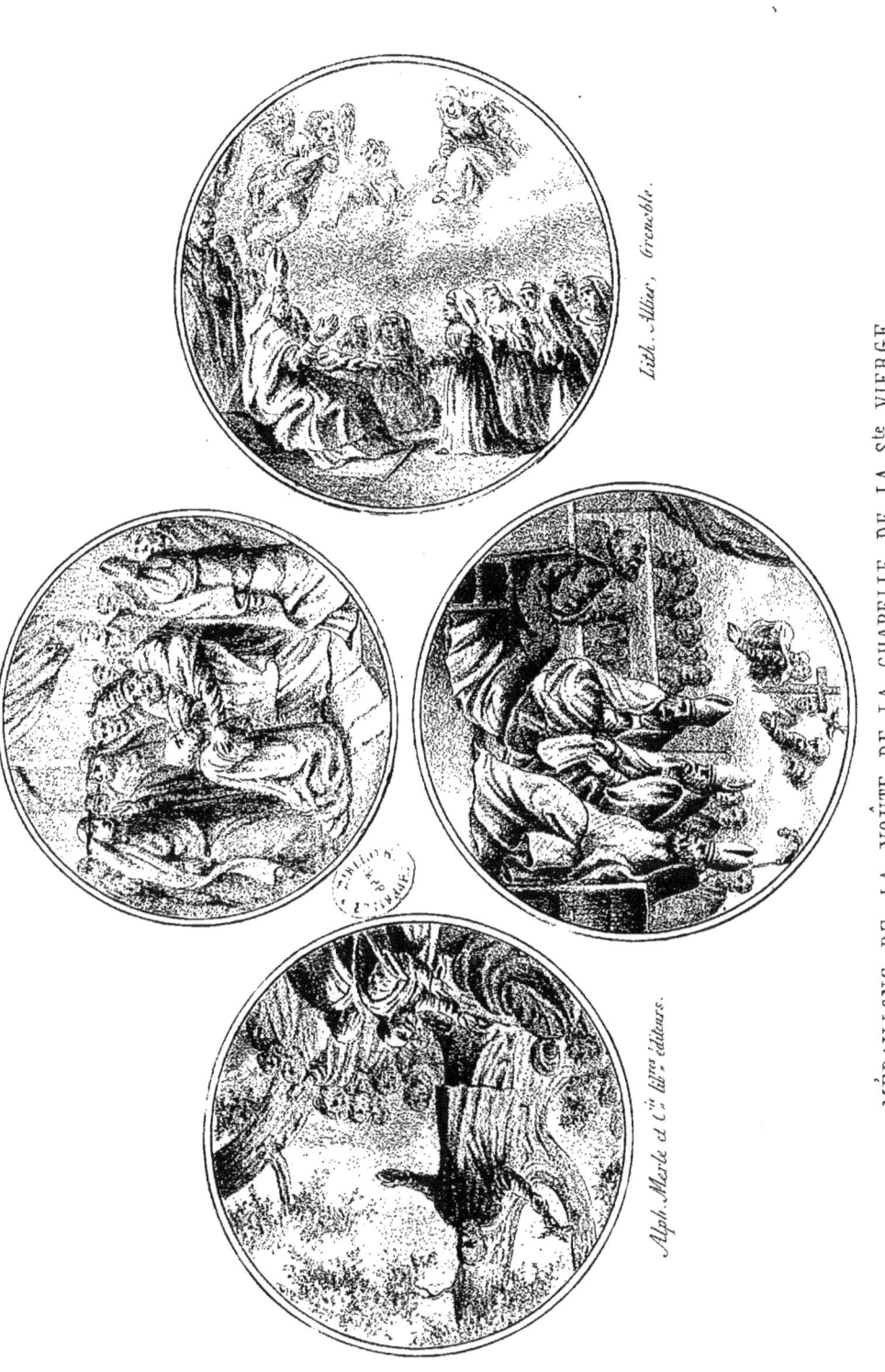

MÉDAILLONS DE LA VOÛTE DE LA CHAPELLE DE LA Ste VIERGE.

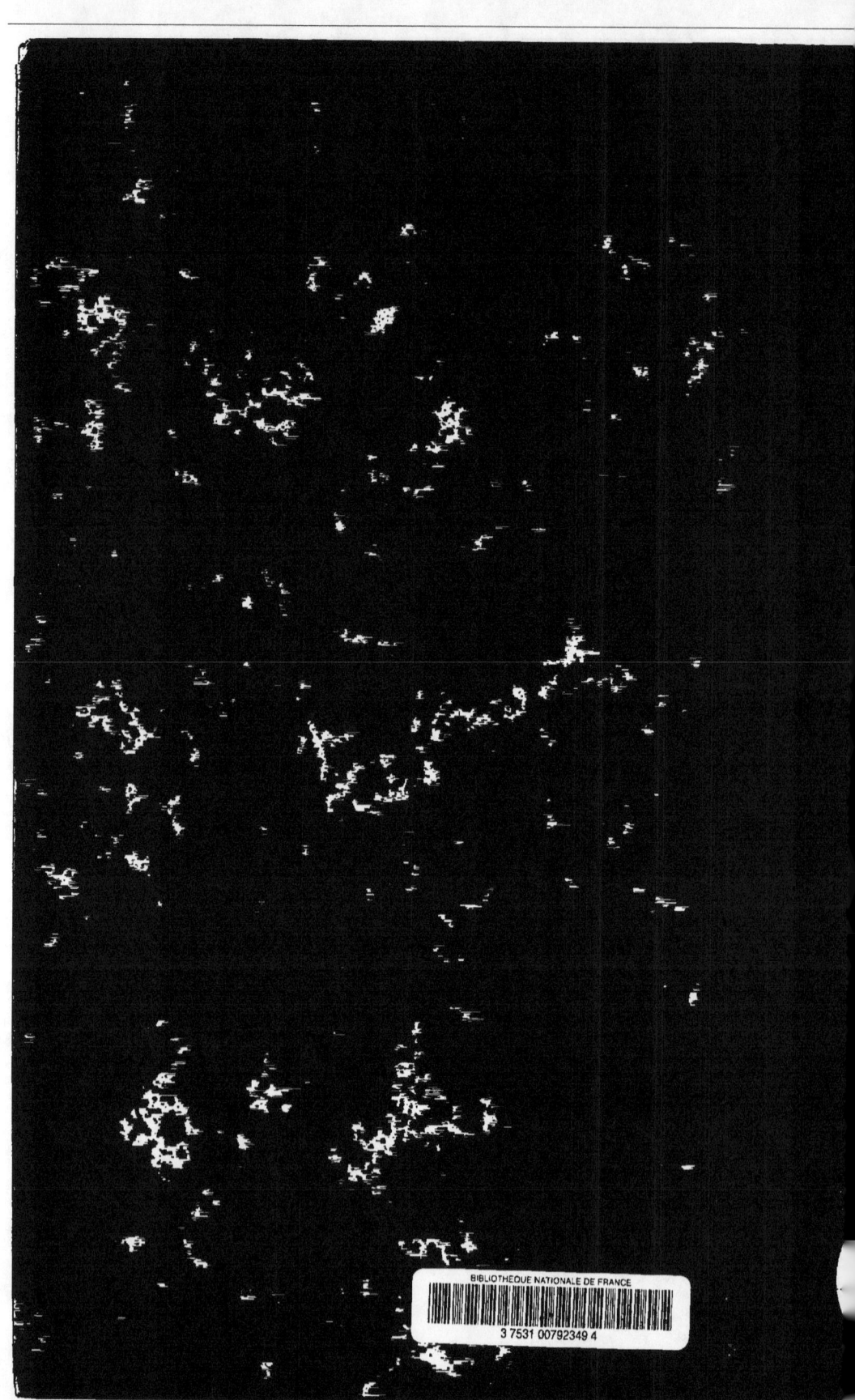

www.ingramcontent.com/pod-product-compliance
Lightning Source LLC
Chambersburg PA
CBHW070658100426
42735CB00039B/2262